Die Wetterau
Geschichte,
Gemeinden und
Landschaften des
Wetteraukreises

IMPRESSUM

VERLAG	® Heinrich Petermann GmbH & Co. KG	
	Günter Hofmann Verwaltungs GmbH	
	Konzeption Fotografie Grafik Verlag	
	61231 Bad Nauheim	
KONZEPTION LAYOUT	Günter Hofmann, 61231 Bad Nauheim	
TEXT	Hans Wolf, 61169 Friedberg	
FOTOGRAFIE	Dieter Quant, 61273 Wehrheim	
GRAFIK	Claudia Ochsenbauer, 61169 Friedberg	
LANDKARTEN	Thomas Schmitt, Claudia Traxel	
SCHRIFT	Text	11/15 Punkt Stempel Garamond mager
	Bildbeschreibung	8,5/11,5 Punkt Futura Buch
SCANS	Unico, 63527 Mainhausen	
DRUCK	Petermann GZW GmbH	
	Grafisches Zentrum Wetterau	
	61231 Bad Nauheim	
BINDUNG	Petermann - Bindung	
PAPIER	Inhalt	170 g/qm holzfrei 2 x matt gestr BilderDruck
	Buchüberzug	200 g/qm holzfrei 2 x glänzend gestr BilderDruck
	Vor- und Nachsatz	130 g/qm Bugra-Bütten hellgrün
	Buchdecke	2 mm Graupappe
ISBN	3-9808581-0-3	

Nachdruck und Vervielfältigung sind verboten.

1. AUFLAGE   im November 2002

Die Wetterau
Geschichte, Gemeinden und Landschaften des Wetteraukreises

Hans Wolf Text und Bildbeschreibung
Dieter Quant Fotografie

INHALT

TEXT		BILD
	006 bis 007	KARTE DES WETTERAUKREISES
Vorwort	009	
Die Landschaft	011	
Die Steinzeit	012 bis 026	FRIEDBERG Friedberg · Bauernheim · Bruchenbrücken · Dorheim
Die Kelten		Ockstadt · Ossenheim
Die Römer		
Die Alamannen		
Die Franken		
Die Salier	027 bis 034	ALTENSTADT Altenstadt · Heegheim · Höchst an der Nidder
Die Staufer		Lindheim (mit Enzheim) · Oberau · Rodenbach · Waldsiedlung
Die Reichsministerialen von Münzenberg		
Die Herren von Büdingen		
Die Stadt Büdingen	035 bis 047	BAD NAUHEIM Bad Nauheim · Nieder-Mörlen · Rödgen
Die kaiserliche Burg Friedberg		Schwalheim · Steinfurth · Wisselsheim
Die Reichsstadt Friedberg	048 bis 059	BAD VILBEL Bad Vilbel · Dortelweil · Gronau · Massenheim
Die jüdischen Gemeinden		
Die Wetterauer Kleinstaaterei im Spätmittelalter	060 bis 075	BÜDINGEN Büdingen · Aulendiebach · Büches · Calbach
Das Kaichener Freigericht		Diebach am Haag · Dudenrod · Düdelsheim · Eckhartshausen
Die Raubritter und ihre Fehden		Lorbach · Michelau · Orleshausen · Rinderbügen · Rohrbach
Die Ortsbefestigungen		Vonhausen · Wolf · Wolferborn
Die Münzenberger Erben		DIE RONNEBURG
Der Adolfsturm		
Die Falkensteiner Erben	076 bis 085	BUTZBACH Butzbach · Bodenrod · Ebersgöns · Fauerbach v.d.H.
Die Prämonstratenserstifkirche in Ilbenstadt		Griedel · Hausen-Oes · Hoch-Weisel · Kirch-Göns · Maibach
Das Prämonstatenserkloster Konradsdorf		Münster · Nieder-Weisel · Ostheim · Pohl-Göns · Wiesental
Das Zisterzienserkloster Arnsburg	086 bis 092	ECHZELL Echzell · Bingenheim · Bisses · Gettenau
		Grund-Schwalheim
Das Marienschloß in Rockenberg	093 bis 099	FLORSTADT Leidhecken · Nieder-Florstadt · Nieder-Mockstadt
und die Klöster Engelthal und Marienborn		Ober-Florstadt · Staden · Stammheim
Die Johanniterkirche in Nieder-Weisel		
Die Kugelherren in Butzbach	100 bis 106	GEDERN Gedern · Mittel-Seemen · Nieder-Seemen
Die Dorfkirchen		Ober-Seemen · Steinberg · Wenings
	107 bis 112	GLAUBURG Glauberg · Stockheim
Die Stadt Nidda	113 bis 118	HIRZENHAIN Hirzenhain · Glashütten · Merkenfritz
Die Stadt Butzbach		
Die hessische Residenz Bingenheim	119 bis 123	KARBEN Burg-Gräfenrode · Groß-Karben · Klein-Karben
		Kloppenheim · Okarben · Petterweil · Rendel
Die Herrnhuter auf der Ronneburg	124 bis 129	KEFENROD Kefenrod · Bindsachsen · Burgbracht · Helfersdorf
		Hitzkirchen
Die Saline in Nauheim	130 bis 135	LIMESHAIN Hainchen · Himbach · Rommelhausen
Die Brunnenstadt Bad Vilbel		

TEXT		BILD
Das Kurbad Nauheim	136 bis 143	MÜNZENBERG Münzenberg · Gambach · Ober-Hörgern
Die Eisenindustrie in Hirzenhain		Trais-Münzenberg
Die Adelsrepublik der Kaiserlichen Burg Friedberg		KLOSTER ARNSBURG
Der Ritterorden in Kloppenheim	144 bis 152	NIDDA Nidda · Borsdorf · Eichelsdorf · Fauerbach · Geiß-Nidda
Die Veränderungen in napoleonischer Zeit		Harb · Kohden · Michelnau · Ober-Lais · Ober-Schmitten
Die Residenzstadt Assenheim		Ober-Widdersheim · Bad-Salzhausen · Schwickartshausen
Die Residenzstädte Ortenberg und Gedern		Stornfels · Ulfa · Unter-Schmitten · Unter-Widdersheim
Die kleineren Adelssitze		Wallernhausen
	153 bis 158	NIDDATAL Assenheim · Bönstadt · Ilbenstadt · Kaichen
Die politischen Unruhen des Vormärz	159 bis 163	OBER-MÖRLEN Ober-Mörlen · Langenhain · Ziegenberg
Die Auswanderung	164 bis 169	ORTENBERG Ortenberg · Bergheim · Bleichenbach · Eckartsborn
Die 48er Revolution		Effolderbach · Gelnhaar · Lißberg · Selters
Der Eisenbahnbau		Usenborn · Wippenbach
Die Industrialisierung	170 bis 176	RANSTADT Ranstadt · Bellmuth · Bobenhausen · Dauernheim
Der Straßenbau		Ober-Mockstadt
Die Elektrifizierung		
Der Antisemitismus und das 3. Reich	177 bis 181	REICHELSHEIM Reichelsheim · Beienheim · Blofeld
		Dorn-Assenheim · Heuchelheim · Weckesheim
Das Kriegsende	182 bis 188	ROCKENBERG Rockenberg · Oppershofen
Die Nachkriegszeit		
Die Wetterau in Gegensätzen		
	189 bis 193	ROSBACH Nieder-Rosbach · Ober-Rosbach · Rodheim
Die Museen	194 bis 200	WÖLFERSHEIM Wölfersheim · Berstadt · Melbach · Södel
		Wohnbach
	201 bis 205	WÖLLSTADT Nieder-Wöllstadt · Ober-Wöllstadt
ORTSREGISTER	206 bis 207	

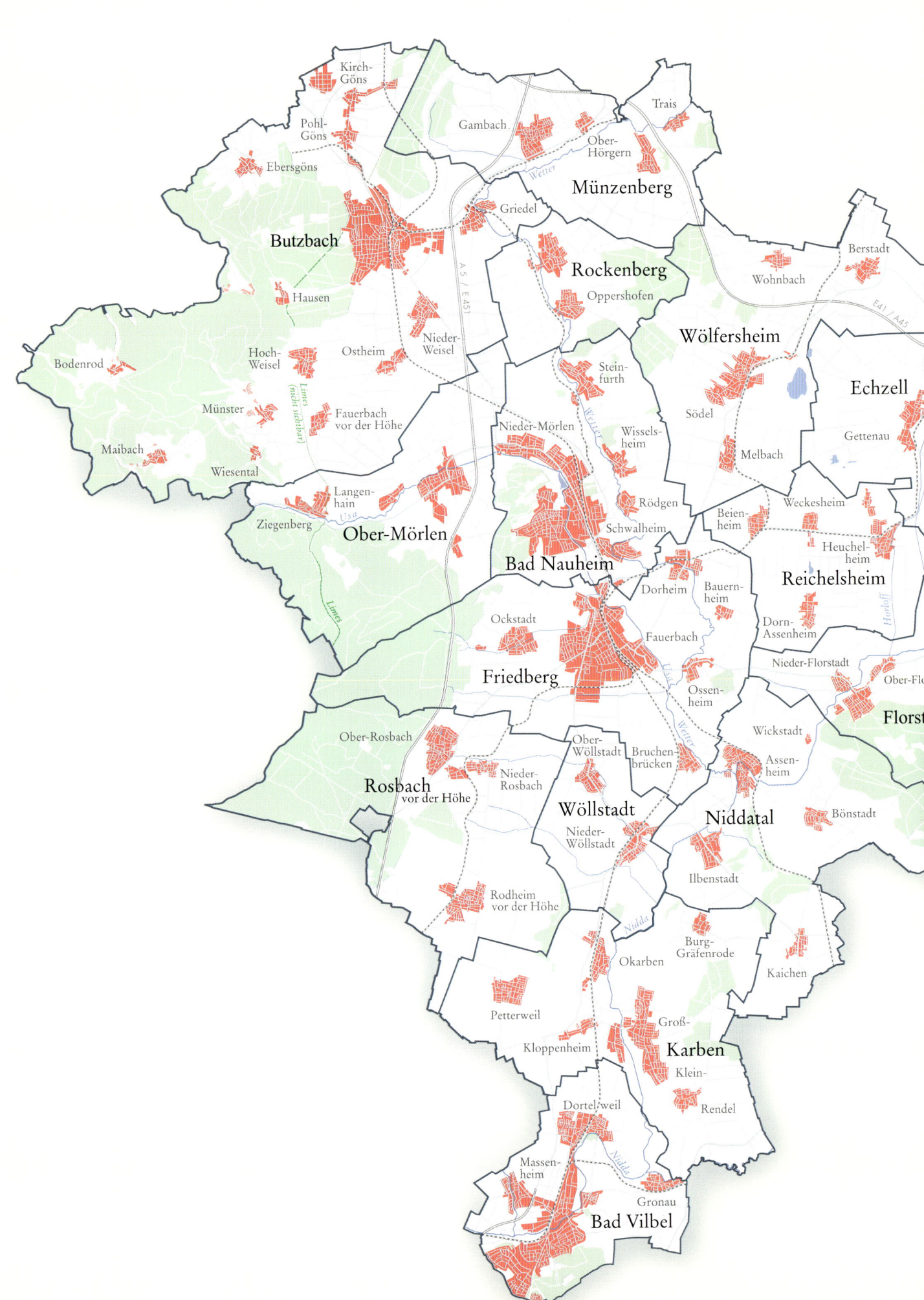

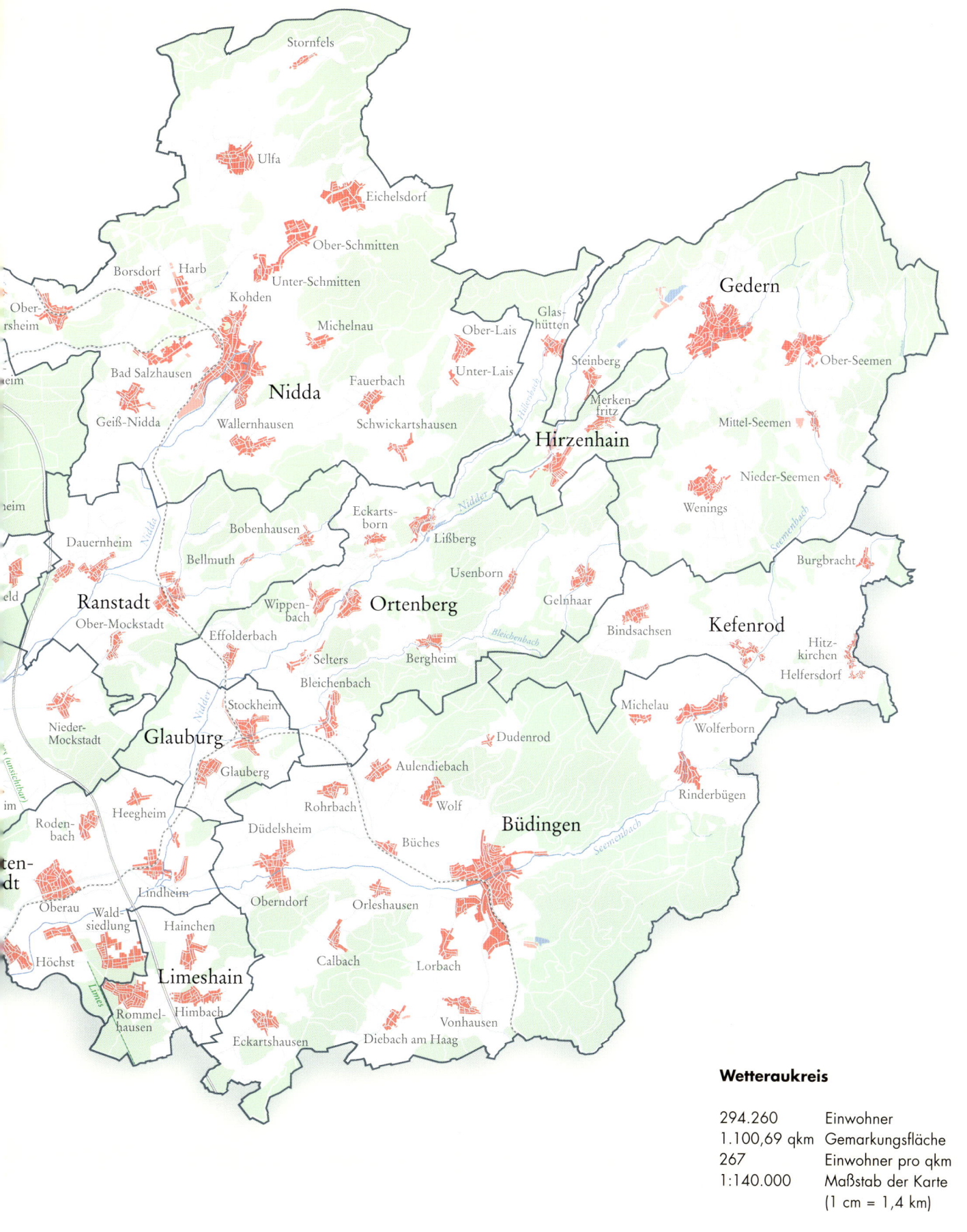

Wetteraukreis

294.260 Einwohner
1.100,69 qkm Gemarkungsfläche
267 Einwohner pro qkm
1:140.000 Maßstab der Karte
(1 cm = 1,4 km)

Vorwort

„Hier bleibe ich höchstens 2 Jahre" waren meine Gedanken, als ich aus Süddeutschland kommend vom Friedberger Bahnhof über die Saar- zur Kaiserstraße ging. Inzwischen sind 42 Jahre verstrichen und ich wohne immer noch hier. Ich lernte die Wetterau und die angrenzenden Mittelgebirgslandschaften lieben – es war ein langsamer aber stetiger Prozess und ich habe eine neue Heimat gefunden, die ich dem Leser durch die umfassenden Informationen in diesem Buch näher bringen will:

- *Hans Wolfs chronologisch gegliederter Text gibt einen Überblick über die geschichtliche Entwicklung des Wetteraukreises, beginnend bei der Steinzeit bis zur Gegenwart; er ist dem heutigen Wissensstand der Heimatforschung entnommen und geschrieben in einer allgemein zugänglichen Sprache.*
- *Sämtliche Bilder – es sind 466 – wurden in der Zeit zwischen Juli 2001 und August 2002 fotografiert.*
- *Sowohl die Karte des Wetteraukreises als auch die 25 Gemeindekarten wurden so erarbeitet, daß das Auge das Wesentliche schnell und klar erfassen kann.*
- *Der bebilderten Darstellung der Gemeinden mit ihren Ortsteilen ist die jeweilige Gemeindekarte vorangestellt. Die Abbildungen sind beschrieben. Der Betrachter findet aus jedem Ortsteil „seiner Gemeinde" mindestens eine Abbildung.*
- *Ohne direkt darauf einzugehen, verbindet der Text von Herrn Wolf die geschlossenen Darstellungen der Gemeinden zu einem Ganzen: dem Wetteraukreis!*
  Das am Ende des Buches befindliche Ortsregister unterstützt den sich interessierenden Leser.
- *Wegen ihrer Bedeutung sind zwei Orte außerhalb der Kreisgrenze aufgenommen worden: Kloster Arnsburg im Buch zu finden bei der Stadt Münzenberg und die Ronneburg bei der Stadt Büdingen.*

Dieses Buch widme ich allen Wetterauern, den hier geborenen, den sich so fühlenden und all denen, die „Wetterauer" werden wollen.

Günter Hofmann

Einen Bildband über die Wetterau erzählend zu begleiten bedeutet den Versuch, der Faszination der Farbe in den Bildern die Kraft des Wortes an die Seite zu setzen. Die Bilder aus unserer Landschaft und von den Sehenswürdigkeiten unserer Städte und Dörfer werden im Mittelpunkt stehen, der erzählende Beitrag soll aber keine Randbemerkung bleiben, vielmehr die Schönheit der Wetterau, ihre historische und kulturelle Bedeutung ins rechte Licht rücken helfen.

Die Landschaft

Die Wetterau ist eine Kulturlandschaft. Von alters her haben hier Menschen in relativer Dichte gesiedelt und gewirtschaftet, Dörfer, Städte, Kirchen und Klöster gebaut.

Die Wetterau ist eine Adelslandschaft, weil sie im Mittelalter von großer territorialer Vielfalt gekennzeichnet war und viele adlige Herren ihre Schlösser und Landsitze bauten, die heute noch manches Ortsbild prägen.

Und sie ist eine Verkehrslandschaft. Durch die Senke, die von der Niddamündung in den Main her sich über die Unterläufe von Nidda, Nidder, Seemenbach, Usa, Wetter, und Horloff nach Norden bis zum Butzbacher Landrücken erstreckt, haben sich schon früh Verkehrsströme bewegt.

Die Wetterau im engsten Sinne ist die Talaue entlang des Flüßchens Wetter zwischen Lich und Ossenheim, im weitesten Sinne die Senke zwischen Vogelsberg und Taunus. Der große Wetterauer Humanist Erasmus Alberus bezieht das untere Maintal und Teile des Rodgaus mit ein. Wir wollen uns hier auf den Wetteraukreis beschränken. Dabei beziehen wir Vogelsbergausläufer im Büdinger Land mit ein, grenzen andererseits den Unterlauf der Nidder mit Heldenbergen, Windecken und Büdesheim aus. Kloster Arnsburg und die Ronneburg werden wegen ihrer kulturellen Bedeutung für die Region Wetterau mitberücksichtigt.

Die Schönheit dieser Landschaft erschließt sich in weiten Blicken. Wer von Borsdorf auf der B 255 nach Westen fährt und am Häuser Hof aus dem Wiesental herauskommt, der spürt etwas von der Wetterau. Im Vordergrund im Mai gelbe Rapsfelder, Wiesen, Äcker so weit das Auge reicht, dazwischen der charakteristische spitze Echzeller Kirchturm, und am Horizont die Taunushöhen um Winterstein, Johannisberg und Hausberg. Im selben Monat reicht der Blick durch die Blütenzweige des Kirschenberges bei Ockstadt nach Osten über die Türme Friedbergs hinweg bis zu den sanft ansteigenden Vogelsberghöhen. Die weiten Blicke täuschen eine flache Landschaft vor, aber zwischen den Flußtälern erheben sich beachtliche Höhenrücken, wie der zwischen Wetter und Horloff, über den die Römerstraße von Friedberg nach Arnsburg führte, oder der zwischen Nidda und Nidder, über dessen Hohe Straße Bonifatius einst von Mainz nach Fulda zu Grabe getragen wurde. Vom Chausseehaus bei Erbstadt genießt man von eben diesem Rücken auch einen solch charakteristischen Wetterraublick nach Norden und Westen zum Hausberg und zum Steinkopf. Diese weite Ebene ist von fruchtbarem Löß bedeckt und ermöglicht einen sehr ergiebigen Ackerbau.

Erasmus Alberus hat als erster die agrarische Bedeutung der Landschaft beschrieben: „Es ist aber die Wetterau von Gott reichlich gesegnet, denn da wächst guter Weizen, schöner Rokken, Gersten, Habern, Erbeyßen, Flachs und guter Wein, und das mehr dann sie bedürffen, können auch die Nachbarn, so in ihrem Lande nicht Getrydes genug haben, mit Getreyde reichlich versehen."

Die Steinzeit

Die Ausgrabungen in Bruchenbrücken beweisen, daß hier Siedler im Neolithikum Pfostenhäuser zu bauen, Haustiere zu zähmen und den Acker zu bewirtschaften begannen. Diese Siedlung aus der Zeit der frühen Bandkeramiker hat den Namen des Friedberger Stadtteils in der archäologischen Forschung berühmt gemacht. An der Friedberger Pfingstweide, im heutigen Industriegebiet Süd, wurde schon früher eine jungsteinzeitliche Siedlung festgestellt, deren Keramik in der Wissenschaft zur Benennung Planig-Friedberger Gruppe geführt hat. Die anschauliche und jugendgemäße Darstellung „Walo, der Pfahlbauer" von 1927 würde Georg Blecher heute in Bruchenbrücken spielen lassen. Es gibt in der Wetterau aber auch ganz frühe Funde aus dem Anfang der Menschheitsgeschichte in Mitteleuropa. Im Münzenberger Schotter wurden Feuersteinkeile gefunden, die in die Altsteinzeit zurückreichen. Und es gibt auch Hinkelsteine in der Wetterau. In den Gemarkungen Ober-Mörlen, Trais-Münzenberg und Unter-Widdersheim stehen diese urgeschichtlichen Monumente, über deren Funktion nichts bekannt ist, die aber die Fantasie der Betrachter schon immer beflügelten. Die Namengebung Hinkelstein für diese Denkmäler der Megalithkultur ist eine echte Volksethymologie. Der Volksmund schrieb die Ungetüme urweltlichen Riesen zu, daher die Bezeichnung Hünenstein. Daraus wurde dann mißverständlich Hühnerstein und im hessischen Dialekt Hinkelstein.

Die Kelten

Die ersten wirklichen Herren in der Wetterau aber waren die Kelten. Auf dem Glauberg haben die Ausgrabungen der letzten Jahre einen Fürstensitz nachgewiesen mit wahrhaft herrlichen Funden, die die überregionale Bedeutung dieses Majestix unterstreichen. Das Fürstengrab barg neben Goldschmuck, Schwert, Schild und Lanze auch eine Schnabelkanne mit Resten von Honigwein. Durch die Pollenanalyse ist es den Wissenschaftlern gelungen, das Hoheitsgebiet des Fürsten abzugrenzen. Der Pollen für den Huldigungswein für das Fürstengrab kam vom Rheingau und von der Rhön, von der Eder und vom Oberlauf des Mains. Auf den Grabhügel zu führte eine mehrere hundert Meter lange Prozessionsstraße. Die in einem Graben gefundene Heroenfigur mit der typischen Blattkrone stellt für die antike Welt unseres Raumes etwas ganz Einmaliges dar, zumal sie dieselben Schmuckattribute trägt wie der zu Grabe getragene Fürst selbst. Und auch die fein gearbeitete Bronzefigur auf der Schnabelkanne ist ähnlich gekleidet, nämlich griechisch wie die Steinfigur. Der Glauberg war nicht nur ein Herrschersitz, sondern auch ein Kultzentrum. Dessen monumentale Wirkung versucht der wiederaufgeschüttete Grabhügel zu vermitteln. Seit 2002 verbindet die Keltenstraße die bedeutendsten Fundplätze der keltischen Kultur in der Wetterau.

Auch in Bad Nauheim sind mit der Ausgrabung der keltischen Saline Nachweise gelungen, die die kulturelle Leistung dieser frühesten Wetterauer unterstreichen, deren Volkszugehörigkeit wir durch die Fundvergleiche mit dem Namen Kelten belegen können. Keltische Ringwälle, die auf befestigte Höhensiedlungen hinweisen, befinden sich westlich der Nauheimer Saline auf dem Johannisberg und bei Butzbach auf dem Hausberg und dem Brüler Berg. Auch der Glauberg war durch eine Holz-Stein-Erde-Mauer, den sog. murus gallicus, befestigt. Und von hier reicht der Blick hinüber zu den größten befestigten Taunusoppida, dem Altkönig, dem benachbarten Heidetränkoppidum und dem Dünsberg. Die Wetterau gehörte also zu den wichtigsten Keltenlandschaf-

Friedberg

Friedberg
Bauernheim
Bruchenbrücken
Dorheim
Ockstadt
Ossenheim

13-1

ten, und durch die Glaubergforschung wurde der bis jetzt nördlichste Fürstensitz festgestellt. Hier wird auch ein Keltenmuseum entstehen, das die kulturelle Bedeutung dieses Volkes in unserer Region für die Nachwelt würdigt. Unter dem Haag bei Melbach wird auch ein keltischer Grabhügel vermutet.

Die Römer

Die Römer hinterließen ebenfalls ihre Spuren in der Wetterau. Hat die frühere Forschung eher ihre militärische Leistung betont, die sich aus dem Limes und seinen Kastellen ergab, so weiß man heute auch etwas auszusagen über die wirtschaftliche Kraft der römischen Gutshöfe, die weit verstreut in der Landschaft lagen, über das Gewerbe in den Kastelldörfern in Butzbach, Friedberg und Echzell sowie über die Bedeutung der römischen Verkehrswege. Der Verlauf des Limes, der von der Saalburg über die Kapersburg, Butzbach, Grüningen, Echzell, Altenstadt, Marköbel bis nach Großkrotzenburg einen weiten Bogen um die Wetterau schlägt, unterstreicht die landwirtschaftliche Bedeutung dieser Kornkammer für die Verproviantierung der römischen Truppen und der Zivilbevölkerung in der Provinz Obergermanien, sonst hätte man sich die Mühe der aufwendigen Sicherung dieses Bogens nicht gemacht.

Das römische Engagement in der Wetterau begann von Mainz aus mit dem Vorstoß des Drusus zur Elbe hin. Im Zuge dieser militärischen Offensive wurde in Rödgen 10 v. Chr. ein Versorgungslager angelegt, die großen Getreidespeicher weisen darauf hin. Aus der Zeit der Germanenkriege während der Regierungszeit des Kaisers Tiberius unter dem Feldherrn Germanicus stammt ein Lager auf dem Friedberger Burgberg, das aber wieder aufgegeben wurde. Erst während der Chattenkriege Kaiser Domitians

13-1 Der Adolfsturm, das Wahrzeichen nicht nur Friedbergs, sondern auch der Wetterau
14-1 Die Kirche in Bauernheim, im Kern mittelalterlich, mit Glockendachreiter aus dem 18. Jh.
14-2 Das Burgtor vom Hirschgraben aus gesehen, links das Kanzleigebäude der Burg, rechts daneben die Burgwache
15-1 Die Erasmus-Alberus-Kirche in Bruchenbrücken mit schön gestaffeltem schlankem Haubendachreiter
15-2 Das ehemalige Hanauer Amtshaus in Dorheim aus dem 18. Jh., heute Kindergarten
15-3 Die Hollarkapelle im Ockstädter Kirschenberg wurde 1722 an der Stelle des ausgegangenen Dorfes Hollar errichtet.

14-1

14-2

-1

15-2

15-3

15

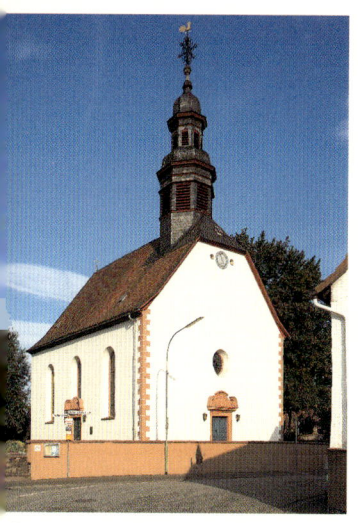

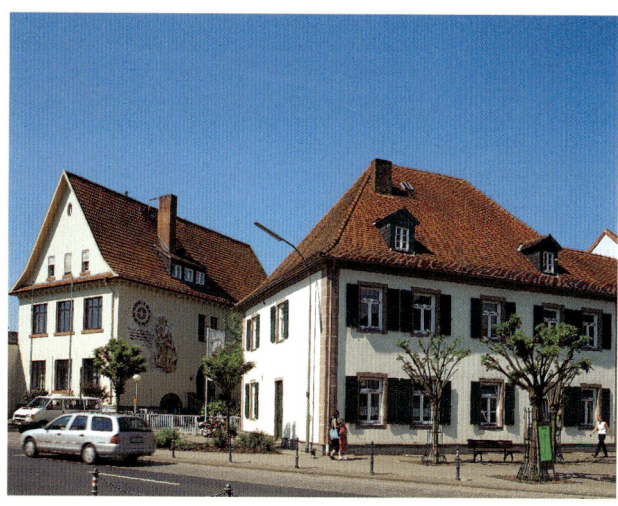

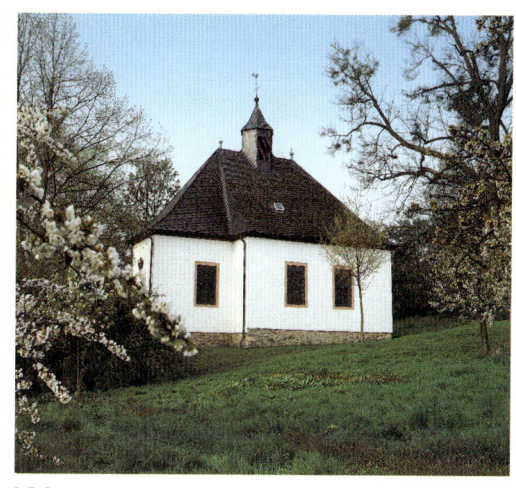

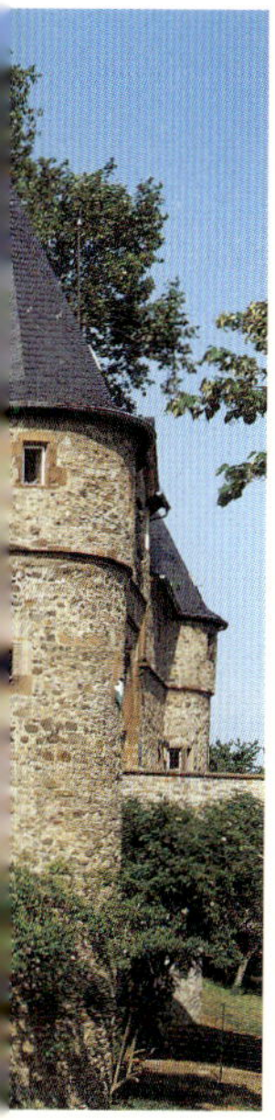

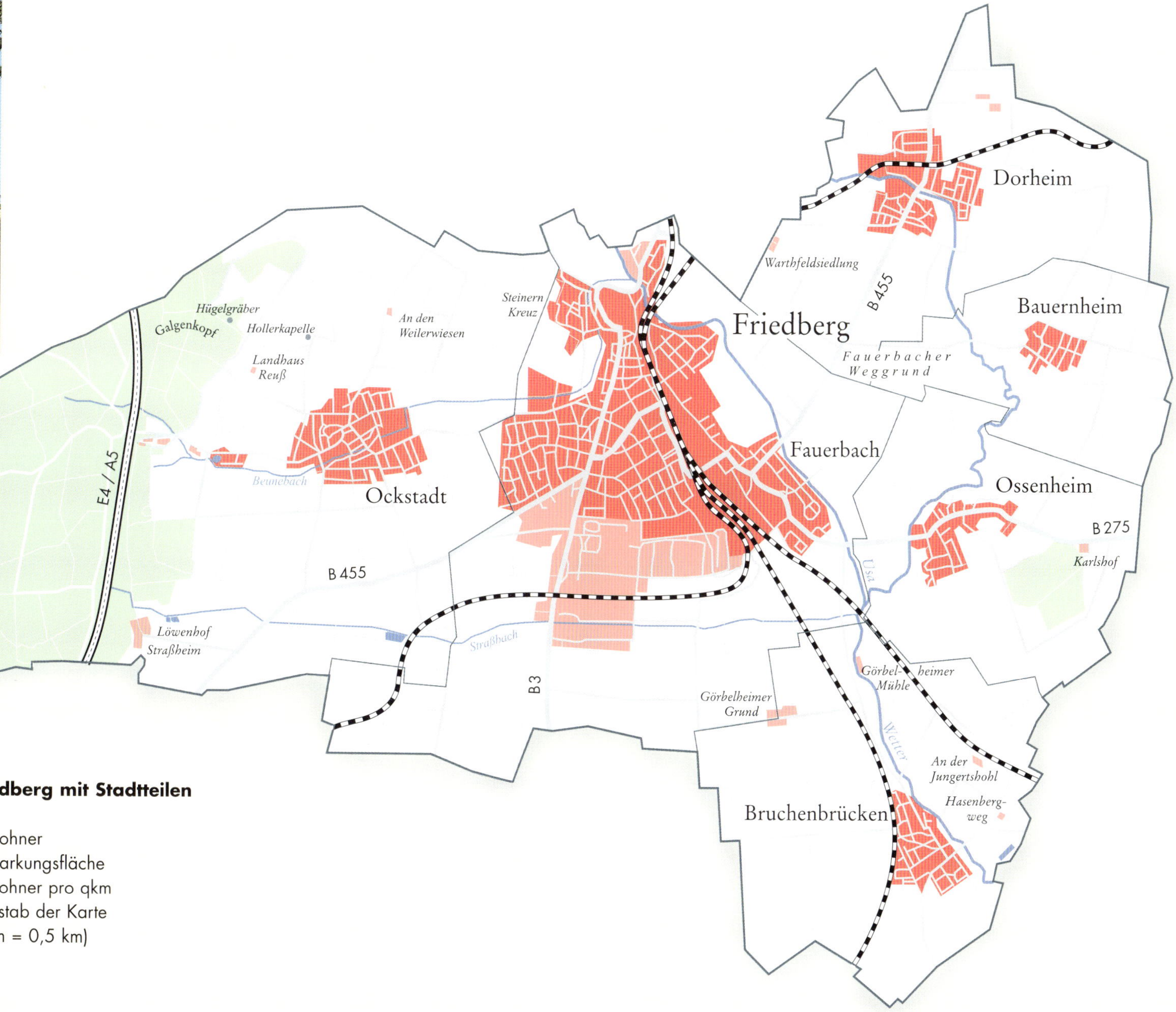

eisstadt Friedberg mit Stadtteilen

.751	Einwohner
,17 qkm	Gemarkungsfläche
3	Einwohner pro qkm
0.000	Maßstab der Karte (1 cm = 0,5 km)

(83-85 n.Chr.) wurde der markante Hügel, der lange mit dem bei Tacitus Annalen I,16 erwähnten castellum in monte tauno in Verbindung gebracht wurde, auf Dauer durch ein Kastell befestigt. Seine Besatzung bestand aus berittenen Einheiten, zunächst aus Aquitanien in Südfrankreich, später abgelöst durch Bogenschützen aus Damaskus. Mit dieser 1000 Mann starken beweglichen Truppe ließ sich die Wetterau gut kontrollieren. Nachdem der Limes, bestehend aus Pallisade, Graben und Wall, gesichert durch eine Kette von Wachtürmen und kleineren Grenzkastellen gebaut war, diente die Friedberger Garnison als schnelle Eingreifreserve. Sie stand über den auf dem Johannisberg bei Bad Nauheim ausgegrabenen römischen Signalturm mit dem Wachturm auf dem Gaulskopf südlich Langenhain-Ziegenberg in Verbindung. Das Straßensystem von Friedberg aus in Richtung Butzbach, Arnsburg und Echzell erlaubte schnelle Bewegungen. Auf dem Schrenzer bei Butzbach ist die Nachbildung eines Limeswachtturmes zu sehen. Der Grenzwall selbst ist in bewaldeten Regionen zwischen Kapersburg und Kastell Ockstadt, auf dem Schrenzer, nördlich Butzbach entlang des Waldrandes in Richtung Grüningen und sehr deutlich auch noch auf der Strecke südlich Altenstadt bei Rommelhausen zu sehen. Der Limeswanderweg mit seinem charakteristischen Wanderzeichen römischer Wachturm ermöglicht das unmittelbare Kennenlernen dieses einmaligen Kulturdenkmals. Neuerdings wird der moderne Autotourismus auch über eine Limesstraße zu den genannten Plätzen entlang der Grenze des römischen Weltreichs in der Wetterau geführt. Sie diente eher der Grenzkontrolle als der militärischen Abwehr.

Durch das genannte aufwendige System befestigter Straßen – erst im 19. Jahrhundert wird es dergleichen wieder in unserem Raum geben – entstand in

16-1 Ossenheimer Fachwerkhaus aus dem 18.Jh.
16-2 Das Römische Kastellbad in der Burg, im Vordergrund das Kaltwasserbecken, dahinter Blick in die Fußbodenheizung
16-3 Der Adolfsturm, links das Burgmannenhaus der Brendel von Homburg
17-1 Das Friedberger Schloß, einst Sitz des Burggrafen, bis 1918 Sommerresidenz der Großherzöge von Darmstadt, heute Finanzamt
17-2 Der Renaissancetorbogen zum Burggrafiat mit dem Wappen Kronberg/Riedesel
17-3 Die klassizistische Burgkirche, erbaut um die Wende vom 18. zum 19.Jh.
17-4 Das südliche Burgtor, Torhaus mit flankierenden Rundtürmen. Über der Einfahrt das Wappen der Burg Friedberg.
Der Fußgängersteg rechts erlaubte den Zugang auch bei geschlossenem Tor.
17-5 Der St.Georgsbrunnen, am Sockel der Brunnenfigur und an der Brunnenschale die Wappen des Burgregiments
17-6 Der Dicke Turm, Bollwerk um 1500, als sich die Burg mit Geschützen verteidigte
17-7 Ehemaliges theologisches Seminar, klassizistischer Bau von 1848 mit harmonischer Gliederung durch Rundbogenfenster

16-1

16-2

16-3

17-1

17-2

17-3

17-4

17-5

17-7

17

der Wetterau früh die Möglichkeit, zivile Güter zu transportieren. Die überall in der Region vorhandenen ca. 250 römischen Gutshöfe, landwirtschaftliche Betriebe unterschiedlicher Größe, die ihren Besitzern ein recht komfortables Leben ermöglichten, konnten ihre Produkte so zum Markt befördern und umgekehrt gewerbliche Waren aus dem Friedberger Castellvicus oder aus dem Civitashauptort Nida (Frankfurt Heddernheim) beziehen. Nördlich von Friedberg sind diese Römerstraßen noch weitgehend in heutigen Straßen- und Feldwegtrassen erhalten, z.B. in den Straßen von Echzell nach Dorheim, von Echzell zur B 455 in Richtung Wohnbach, in dem Stück B 3 südlich Butzbach nach Nieder-Weisel und in dem Feldweg von Dorheim geradewegs nach Norden bis nach Trais-Münzenberg. Die Verbindung Friedberg Nida führte über das Kastell Okarben. In Friedberg wurde ein Meilenstein aus dem Jahre 249 n.Chr. ausgegraben, der die Entfernung nach Nida mit 10 Leugen, das sind 22 Kilometer, angibt. Dieser Fund beweist die Ausrichtung der damaligen Metropole Friedberg auf Nida hin. Für die Bedeutung Friedbergs als Verkehrsknoten sprechen der Weihestein eines beneficiarius, eines Art Straßenmeisters, und der Fund einer keltischen Vierwegegöttin.

Die römischen Gutshöfe lagen meist in Hanglage an Bachläufen, waren durch eine Umfassungsmauer geschützt und bestanden aus Wohngebäuden mit Veranda, Vorratsspeichern und meist auch einem Bad. Die römische Badezivilisation ist in der Wetterau durch das künstlerisch hochwertige Bodenmosaik aus einer Bad Vilbeler Therme belegt, die beim Bau der Main-Weser-Bahn 1849 im Gebiet des heutigen Südbahnhofs ausgegraben wurde. Das Mosaik befindet sich seitdem im Hessischen Landesmuseum in Darmstadt. Die 7 x 4,5 m große Fläche zeigt fantastische Meerwesen sowie Fische und Vögel, die den thematischen

18-1 Fachwerkhäuser in der Usagasse
18-2 Das älteste Haus Friedbergs aus dem späten 12.Jh., ehemals Faktorei des Deutschen Ritterordens, über dem romanischen Torbogen das Ordenswappen
18-3 Der Arnsburger Hof, einst Wirtschaftshof des Zisterzienserklosters Arnsburg
19-1 Blick in die Apothekergasse, im Vordergrund das Geburts- und Wohnhaus des Dichters und Hölderlinfreundes Siegfried Schmid
19-2 Blick durch die Engelsgasse zur Stadtkirche
19-3 Blick auf die Kaiserstraße mit dem charakteristischen Verkehrsgewühl
19-4 Altes Rathaus aus dem 18.Jh., über dem Portal das Wappen der Reichsstadt Friedberg. Die Sandsteintafel links erinnert an den Besuch Kaiser Wilhelms I., dem die Kaiserstraße ihren Namen verdankt.
19-5 Das Haus der Buchhandlung Bindernagel aus dem Jahre 1633, ehemals die Fleisch-Schirn

18-1

18-2

18-3

19-2 19-3

19

19-5

Bezug zum Baden herstellen. Ein anderes in seiner Art bedeutendes römisches Kunstwerk wurde im Kastell Echzell gefunden. In einer Offizierswohnung konnte ein auf Putz aufgetragenes Gemälde mit Motiven aus der griechischen Mythologie geborgen werden, das heute im Saalburgmuseum aufbewahrt wird. Es bezeugt die Reichweite antiker Kultur bis in die letzte Limesgarnison. Ein für die römische Badekultur sehr anschauliches Denkmal besitzt das Burggymnasium in Friedberg. Hier ist im Keller eine Hypokaustenanlage zu besichtigen. Unter dem hohlen Fußboden, der auf kleinen Ziegeltürmchen ruht, strömen die Heizgase, verteilen sich in den Hohlziegeln der Wände und ermöglichen so in den nördlichen Breiten eine angenehme Badeatmosphäre. Ein Becken mit warmem Wasser, dessen Bleiabflußrohr erhalten ist, ein für die Antike ganz seltener Befund, und ein Kaltwasserbecken erlauben eine Badeweise, die der heutigen Sauna nahe kommt. Da das Bad sehr klein dimensioniert ist, kann es als Kastellbad für die Garnison nicht in Frage kommen. Vermutlich handelt es sich um ein Offiziersbad.

Der bei dem römischen Militär sehr verbreitete Mithraskult ist ebenfalls für Friedberg belegt. Das Wetteraumuseum zeigt ein Mithräum mit der bekannten Szene, in der Mithras den Weltenstier tötet, aus dessen Wunde das heilbringende Blut strömt. Diese heldische Opfertat entsprach dem Empfinden der Soldaten eher als der christliche Heiland, der sich selbst für das Heil der Welt opferte. Eine vier Meter hohe Jupitergigantensäule, die dem obersten Gott der Römer gewidmet war, ist zerborsten aus einem Brunnen im Butzbacher vicus geborgen worden und steht heute als Kopie im Hof des Museums im Solms-Braunfelser Hof. Neben militaria dokumentiert die römische Abteilung des Friedberger Wetteraumuseums auch die zivile Tätigkeit im Lagerdorf. In mehreren Töpferöfen wur-

20-1 „Große Ruhende" auf dem Goetheplatz, Plastik von Zvone Jezovsek
20-2 Das Brautportal am südlichen Querhaus der Stadtkirche mit reicher gotischer Verzierung
20-3 Turmpartie der Stadtkirche
21-1 Das Landratsamt am Europaplatz. Der linke Flügel stammt von 1955, der Neubau von 1989
21-2 Portikus des Landratsamtes mit der Plastik „Frau und Skulptur" von Richard Heß
21-3 Der Wartbergturm 1923-28 dient gleichzeitig als Wasserturm und als Gedenkstätte für die Kriegsopfer.
21-4 Querhaus und Chor der Stadtkirche. Die quergestellten Dachgiebel markieren die Joche der Hallenkirche, einer der bedeutendsten gotischen Kirchen in Hessen.

20-1

20-2

20-3

1

21-2

21-3

21

de Friedberger Ware gebrannt, eine bemalte Gebrauchskeramik, die in der Region verbreitet war. Andere römische Kastelle verfügten ebenfalls über einen solchen vicus, so z.B. Butzbach, Echzell, Ober-Florstadt. Hier lebten die Angehörigen der Soldaten, betrieben Handwerker, Händler und Gastwirte ihr Gewerbe.

Die Alamannen

Das Ende der römischen Herrschaft in der Wetterau bedeutet zugleich den Beginn der sog. dunklen Jahrhunderte, da sie aufgrund äußerst spärlicher Quellen nicht sehr gut erforscht sind. Den Fall der Limesgrenze darf man sich aber nicht schlagartig im Sinne einer militärischen Niederlage der Römer gegenüber den germanischen Eindringlingen vorstellen. Brandspuren zeigen, daß mehrfach germanische Überfälle erfolgten, die allmählich dazu führten, daß sich die Römer auf die linke Rheinseite zurückzogen. Das mag um 260 n.Chr. geschehen sein. Der römische Meilenstein aus Friedberg beweist, daß 249 n.Chr. die römische Provinzialverwaltung noch voll funktionsfähig war. Seit Anfang des 3. Jahrhunderts bedrohten allerdings die im Zuge der Völkerwanderung von der Elbe südwärts vorrückenden Alamannen die Grenze der römischen Provinz Obergermanien. Im Jahre 233 gelang ihnen ein erstes Eindringen, Kaiser Maximinus Thrax konnte jedoch die Grenze noch einmal sichern. Nach 260 wurde die Limesgrenze aber aufgegeben, die Bauwerke wurden ruiniert, Wall und Graben zeugen aber in Waldgebieten noch heute von der römischen Präsenz. Die römische Provinzialbevölkerung wurde verdrängt. 233 kam dabei in Ober-Florstadt ein reichhaltiger römischer Münzschatz in den Boden, der heute im Friedberger Wetteraumuseum sehr eindrucksvoll aus einem Banktresor quillt. Auf dem Glauberg residierte in der Zeit nach 260 ein Kleinkönig, der die

22-1 Blick vom Adolfsturm über die Burg auf die Stadt, deren Silhouette von der Stadtkirche bestimmt wird.

noch vorhandenen keltischen Befestigungsanlagen verstärkte. Sonst aber haben die Alamannen nur wenige Spuren in der Wetterau hinterlassen.

Die Franken

Anders die Franken, die nach dem Sieg über die Alamannen 496 bei Zülpich im Rheinland von der Lahn her und vom Main in die Wetterau eindrangen. Sie brachten das Christentum mit, und von Mainz aus überzogen sie die Wetterau mit einer Kirchenorganisation von Mutter- und Filialkirchen, die sich im weiteren Verlauf des Mittelalters lange erhalten hat. Auf dem Johannisberg bei Bad Nauheim bestand im 8. Jahrhundert eine solche Mutterkirche. Im achteckigen Turm, der über ihren Fundamenten errichtet wurde, befindet sich heute die Sternwarte. Die achteckigen Turmformen machten Schule. Wir begegnen ihnen auch in Langenhain, Hoch-Weisel, Ostheim, Rockenberg und an der Butzbacher Markuskirche. In der Remigiuskirche in Büdingen ist ein schönes Beispiel einer fränkischen Kirche aus der Zeit um 700 erhalten. Ihr Patrozinium weist in den Kern des Frankenreiches, denn Bischof Remigius war es, der Chlodwig 498 taufte. Der romanische Bau liegt inmitten eines Wehrkirchhofes des einst selbständigen Ortes Großendorf. Wie die Mutterkirche in Straßheim, einer Wüstung südwestlich Friedbergs am Straßbach gelegen, nach dem Bau der Friedberger Stadtkirche ihre Bedeutung verlor, so auch die Remigiuskirche nach dem Büdinger Kirchenbau. Sie diente seit dem späten Mittelalter lediglich noch als Friedhofskirche und hat ihre romanische Gestalt dadurch sehr schön bewahren können. Ihr ungewöhnlicher T-förmiger Grundriß und die kleinen Rundfenster lassen den Bau noch altertümlicher erscheinen, als er in Wirklichkeit ist, denn dendrochronologische Untersuchungen

24-1 Blick vom Ockstädter Kirschenberg über Ockstadt mit den Türmen der St. Jakobskirche, im Hintergrund das Gewerbegebiet am Grünen Weg

24-2 Die St. Jakobskirche in Ockstadt mit den neobarocken Zwillingstürmen von 1909/10

24-3 Das Rosentalviadukt, die 24 Hallen, Brücke der Main-Weserbahn von 1848-50 im Stile eines römischen Viaduktes

25-1 Das Schloß in Ockstadt, ehemalige Wasserburg. Der Turm der Kernburg steht vor dem Herrenhaus der von Franckenstein.

25-2 Die Kirche in Fauerbach inmitten des früheren Kirchhofs

25-3 Die Barockfigur des Heiligen Nepomuk auf der Brücke zwischen Vor- und Hauptburg im Ockstädter Schloß

25-4 Blick in das Ossenheimer Wäldchen am Wäldchestag, dem traditionellen Volksfest am Dienstag nach Pfingsten

24-1

24-2

24-3

25-1

25-2

25-3

weisen auf eine Erbauung nach 1047, also in salischer Zeit. Das Wetterauer Kirchensystem trägt also die Handschrift des Mainzer Bistums. Die hessische Christianisierung durch Bonifatius berührte unseren Raum nicht, die durch iroschottische Wandermönche ist lediglich im Ortsnamen Schotten im Vogelsberg greifbar, urkundlich erwähnt werden aber auch Schottenkirchen in Rodheim, Sternbach und Bauernheim. Im Frankenreich ging die Christianisierung von oben aus. Das Land war aus dem Königsbesitz in die Hand des fränkischen Adels gelangt. Die Reichsaristokratie war nach Chlodwigs massenwirksamer Taufe in Reims ebenfalls zum christlichen Glauben übergetreten und stiftete sehr bald Klöster, die sie mit reichen Schenkungen bedachte. Diese Güterübertragungen liefern den deutlichsten Hinweis auf die fränkische Präsenz in der Wetterau, denn in den Urkunden und Besitzaufzeichnungen des 764 von dem Rupertiner Grafen Cancor gegründeten Klosters Lorsch, dem Codex Laureshamensis, finden sich die meisten Wetterauer Ortsnamen erstmals schriftlich verzeichnet. Nach der Besitzergreifung und Besiedlung dieses fruchtbaren Agrarlandes schenkte der fränkische Adel Teile seiner Güter an das Kloster Lorsch zur Gewinnung des Seelenheils. Die Wetterau wurde zu einem Bestandteil des Frankenreiches, wie die Dichte der Siedlungen auf -heim beweist, die Massierung der für die Franken typischen Reihengräber und die Häufung an Königsgut, das sich in den genannten Schenkungen nachweisen läßt. Und schließlich gehört der Wetterauer Dialekt zum fränkischen Sprachraum. Aber es ist bezeichnend, daß sich die hier genannten fränkischen Siedlungsmerkmale zunächst ausschließlich auf das einstmals römische Gebiet innerhalb des Limes beziehen. Auch nach mehreren hundert Jahren ist die römische Kulturleistung noch spürbar, die Ackerflur vielleicht durch Hecken und Waldinseln teilweise renaturiert, aber nicht mit der siedlungsfeindlichen Öde der umliegenden Landschaft in Taunus und Vogelsberg vergleichbar. Lediglich am Glauberg stößt ein fränkischer Siedlungskeil mit Lindheim, Heegheim, Enzheim, Stockheim und Düdelsheim östlich über den Limes hinaus. Auch die Existenz des Limes als Pfahlgraben war noch lebendig, wie der Name Pohl-Göns beweist. Ein königlicher Wirtschaftshof in Florstadt umfaßte 1000 Morgen Herrenland, das von mehreren Höfen aus bebaut wurde, außerdem Wiesen für Heu und Wälder zur Schweinemast. 60 Hufenbauern bewirtschafteten neben ihrer Hufe, die sie ernährte, im Frondienst die herrschaftlichen Flächen mit und leisteten außerdem noch Naturalabgaben. In der Karolingerzeit wird auch die Saline in Nauheim wiederbelebt, die nach der Keltenzeit in Vergessenheit geraten war und jetzt dem Kloster Seligenstadt gehörte. Auf in den Boden eingelassenen Siedeöfen wurde in Bleipfannen niedrigprozentige Sole verdampft und so Salz gewonnen, das in großen Mengen zur Lebensmittelkonservierung diente. Die erheblichen gesundheitlichen Risiken aufgrund der Verwendung von Bleipfannen und der enorme Holzverbrauch bedeuten bereits für das frühe Mittelalter eine Umweltbelastung erheblichen Ausmaßes. In der Karolingerzeit diente die Wetterau zudem als Aufmarschgebiet der Franken in den Jahrzehnte währenden Sachsenkriegen. Auf der Weinstraße, der Wagenstraße, einer vielbefahrenen Trasse von Mainz in den Norden, rückten die Franken in jedem Frühjahr ins nordhessisch-sächsische Grenzgebiet. Der Verlauf dieser frühen Verkehrsverbindung läßt sich parallel zur A 5 von Rosbach über den Löwenhof, den Hof Hasselhecke, Ober-Mörlen, Ostheim, Nieder-Weisel sehr gut verfolgen. Im Weinberg oberhalb Ober-Mörlen ist die Fahrspur als Bodenvertiefung im Wiesengelände heute noch sichtbar. Auch fränkische

Altenstadt

Altenstadt
Heegheim
Höchst a. d. Nidder
Lindheim (mit Enzheim)
Oberau
Rodenbach
Waldsiedlung

27-1

Verwaltungsspuren gibt es in der Wetterau, ist doch ihr Name als pagus Wettereiba überliefert, der eine Verwaltungseinheit beschreibt. Südlich von ihr liegt der Niddagau. Diese frühen Gaubezeichnungen decken sich nicht immer mit dem Amtsbereich eines fränkischen Grafen, sind aber Zeugnis für Verwaltungsbemühungen.

Die Salier

Durch diese Grafschaftsverwaltung kamen in nachfränkischer Zeit im 11. Jahrhundert regionale Adelsgeschlechter hoch, die sich durch Burgenbau eine sichere Wohnlage verschafften, etwa die Grafen von Nürings, von Solms oder von Nidda. Anfangs lagen diese Motten inmitten der Dörfer und zeichneten sich durch eine Umwehrung durch Wall und Wassergraben aus und durch eine feste Bauweise zumindest im Untergeschoß. Die Wasserburg in Nidda östlich der Altstadt ist aus einer solchen früheren Anlage hervorgegangen. Im Gelände des Butzbacher Schlosses wurde zwischen dem Solmser und dem landgräflichen Schloß das Fundament einer älteren Burg ergraben, vermutlich eine solche Motte. Auch der kreisrunde Burghügel in Schwalheim weist auf eine solche Talburg mit Wassergraben hin. In Berstadt bezeugen die Straßennamen Burggasse und Burggärten eine Wasserburg, deren Spuren vollständig verschwunden sind, die sich in salischer Zeit aber der Königsbesuche von Heinrich III. und Heinrich IV. erfreuen konnte. Der spätgotische Wehrturm auf dem Gelände des Westerfelder Hofes in Ober-Rosbach ging aus einer älteren Talburg der früheren Rosbacher Ortsherren hervor. Auch der Wohnturm der Rockenberger Burg, den die Herren von Bellersheim um 1300 erweiterten, steht an der Stelle einer früheren Burg der von Crüftel. Bingenheim besitzt noch eine gut erhaltene Talburg, die auf

27-1 Der Wehrkirchturm in Altenstadt mit seinen charakteristischen Ecktürmchen
28-1 Kloster Engelthal, Blick auf das Äbtissinnenhaus
28-2 In Lindheim nisten wieder Störche
29-1 Das Schloß der Freiherrn von Günderode in Höchst a.d.Nidder, heute Hotel
29-2 Die Kirche in Heegheim mit mächtigem Giebeldachreiter
29-3 Ruhige Wohnstraße in der Waldsiedlung
29-4 Blick über Heegheim ins Niddertal

28-1

28-2

29-1

29-2

29-3

29

29-4

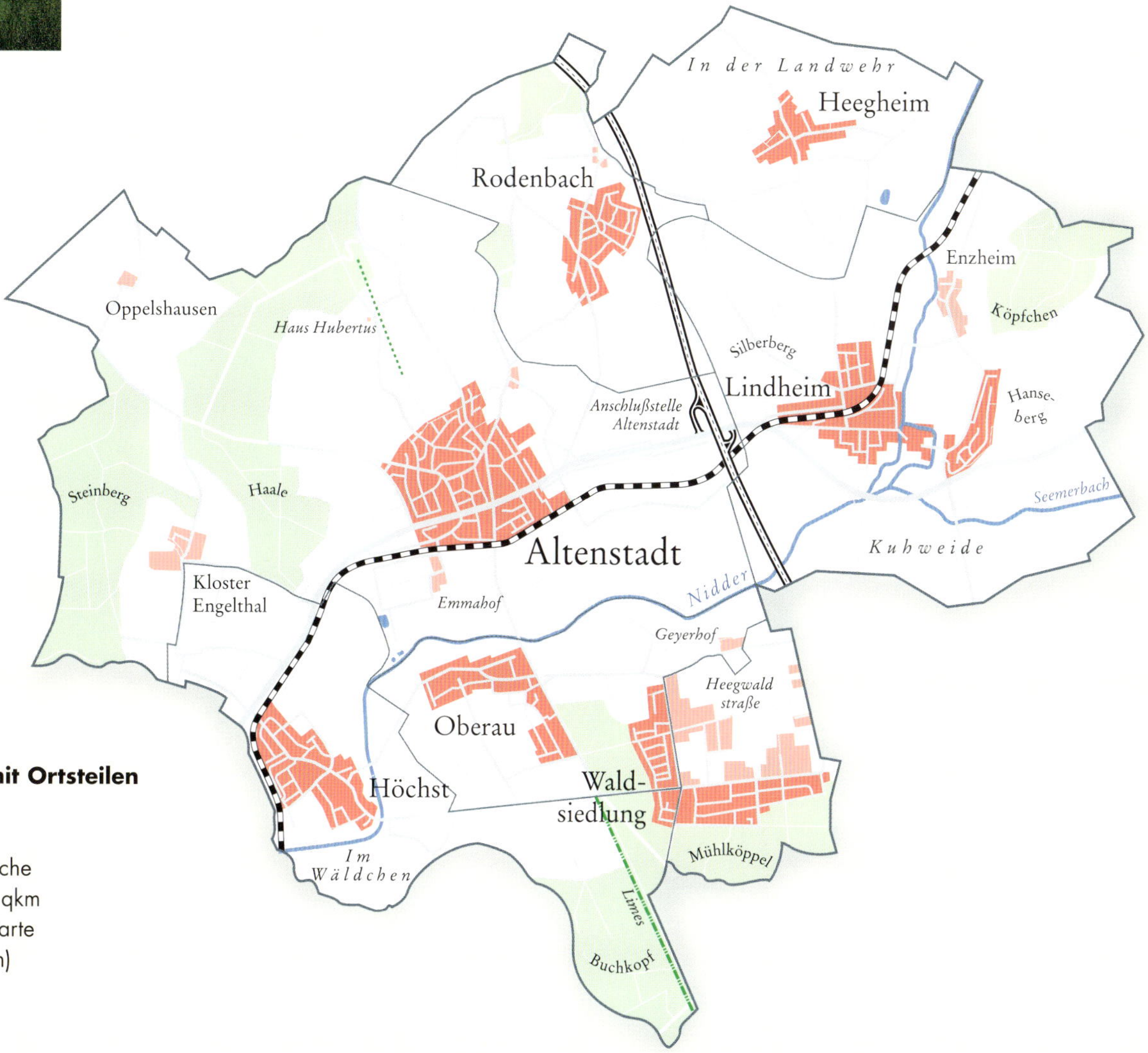

Gemeinde Altenstadt mit Ortsteilen

12.280 Einwohner
30,08 qkm Gemarkungsfläche
408 Einwohner pro qkm
1:50.000 Maßstab der Karte
(1 cm = 0,5 km)

eine wechselvolle Geschichte zurückblicken kann. Als Mittelpunkt der Fuldischen Mark in der Wetterau hatte der Ort früh eine zentrale Verwaltungsfunktion. Die Burg wird 1064 genannt, und Kaiser Karl IV. erlaubte die Erhebung der vor der Burg entstandenen Gemeinde zur Stadt, deren Entwicklung allerdings steckenblieb. Auch der stattliche Schloßbau von Leustadt geht auf einen Wohnturm als Wasserburg zurück. Erst im 12. Jahrhundert verließ der Adel die Dorfsiedlungen und baute sich Höhenburgen mit ausgeklügelter Verteidigungsarchitektur für andere strategische Aufgaben, etwa den Straßenschutz.

Die Staufer

Ausgesprochen wichtig wird die Wetterau, als sich das deutsche Königtum während der Regierungszeit der Staufer gegen den erstarkenden Regionaladel ein Gegengewicht zu schaffen suchte und im Raum nördlich Frankfurt dabei auf alte Königsrechte und ehemaligen Reichsbesitz zurückgriff. Im Investiturstreit hatte die Zentralgewalt erheblich an Einfluß und Autorität nicht nur der Kirche gegenüber eingebüßt. Deshalb nutzten Konrad III. und vor allem Friedrich I., Barbarossa, die Gunst der Stunde, als in der Wetterau Grafschaften vakant wurden, und bauten sich hier wie auch anderswo im Reich, etwa im Elsaß, eine terra imperii auf, ein Reichsland, das sie mit Burgen besetzten. In diesem versahen ursprünglich unfreie Reichsdienstmannen, die sogenannten Ministerialen, Dienst im Auftrag des Kaisers. Die Herren von Büdingen und von Münzenberg verdankten dieser Politik ihren Aufstieg. Die Reichsburg Friedberg, in der eine zahlreiche Burgmannschaft die Burghut versah, sowie die planvoll angelegte Reichsstadt Friedberg sind bedeutende Marksteine dieser staufischen Politik, in die sich Frankfurt als bevorzugter Pfalz-

30-1 Der Westflügel des ehemaligen Schlosses in Lindheim, der sogenannte Mollerbau, ein klassizistisches Landhaus
30-2 Das Rathaus in Altenstadt mit prächtiger Freitreppe, früher Amtsgericht
31-1 Der Hexenturm in Lindheim. Der südwestliche Eckturm der Wasserburg erinnert an die furchtbare Hexenverfolgung in diesem Ort.
31-2 Blick auf den gotischen Chor der Kirche in Lindheim. Der abseits stehende Glockenturm war ehemals Teil der Burgbefestigung.
31-3 Das ehemalige Rathaus in Heegheim, heute ein schmuckes Gasthaus
31-4 Blick in die Hintere Gasse in Altenstadt

30-1

30-2

-1

31-2

31-3

31-4

ort, sowie die Gründungen von Gelnhausen und Wetzlar einfügen.

Die Reichsministerialen von Münzenberg

In der Burg Münzenberg ist diese für die Geschichte der Wetterau prägende Epoche heute noch am besten greifbar. Wer von Rockenberg aus nach Münzenberg fährt oder auf dem Feldweg wandert, der sieht die prachtvolle romanische Achterarkade auf der bernsteingelben mächtigen Buckelquadermauer mit ihren auf Fernwirkung zielenden monumentalen Zinnen und spürt etwas vom Selbstbewußtsein dieses aufstrebenden Ministerialengeschlechtes, das kaiserliche Autorität in der Wetterau verkörperte. Bereits Kuno von Arnsburg war in salischer Zeit Vertreter einer Reichsdienstmannenfamilie und baute auf dem Hainfeld oberhalb des späteren Klosters Arnsburg eine Höhenburg, die 1984/85 ausgegraben wurde. Der Stumpf des quadratischen Wohnturmes und Mauerfundamente sind erhalten. Durch die Verheiratung seiner Erbtochter Gertrud mit dem Ministerialen Eberhard von Hagen-Hayn (Dreieichenhain) verschmolz der Besitz beider Geschlechter, ihr Sohn Konrad nannte sich von Hagen-Arnsburg. Konrad II. stand dann bereits im Dienste der Staufer als Verwalter des Reichsforstes Dreieich und Vertreter der Reichsinteressen in der Wetterau. Gegenüber den erstarkenden Reichsfürsten brauchten die Staufer zuverlässiges Personal. Sie statteten ursprünglich Unfreie mit Dienstgütern aus, um sie in die Lage zu versetzen, Kriegsdienst zu Pferde als Ritter zu leisten und die Verwaltung und den Schutz des Reichsgutes zu übernehmen. Konrad tauschte mit dem Kloster Fulda den Hof Güll gegen den benachbarten Münzenberg und begann dort mit dem Bau einer repräsentativen Höhenburg, die das Selbstbewußtsein staufischen Rittertums

32-1 Lindheim, nördliche Seitenschiffarkade der Ev. Pfarrkirche
32-2 Enzheim, Szene an der Nidder
33-1 Oberau, Kirche mit Marktbrunnen
33-2 Blick auf Oberau
33-3 Barockes Altarretabel der Klosterkirche Engelthal
33-4 Der Spieltisch der Orgel in der Ev. Kirche in Rodenbach von 1621 gilt als der älteste in Hessen.
33-5 „Zum Schwarzen Adler" in Altenstadt, Fachwerkhaus von 1667 mit schmiedeeisernem Aushängeschild
33-6 Schönes Fachwerk mit Halbrundstreben in Heegheim

32-1

32-2

33-1

33-2

33-3

33

33-5

33-6

33-4

wie keine andere verkörpert. Sein Sohn Kuno, der sich 1168 erstmals von Münzenberg nannte, hatte die Reichskämmererwürde inne und gehörte zur Umgebung Kaiser Friedrich Barbarossas. Kaiser Heinrich VI. verlieh ihm die Hälfte der Einkünfte der Frankfurter Münze. Diese engen politischen Beziehungen zur Reichsspitze erklären die hohe Qualität der Münzenberger Anlage, die von Steinmetzen herrührt, die auch an der Kaiserpfalz in Gelnhausen, die zeitgleich entstand, und am Saalhof in Frankfurt gearbeitet haben. Über dem Tor befindet sich, wie oft in staufischen Burgen, die Burgkapelle, um dem Wehrbau noch einen zusätzlichen ideologischen Schutz zu garantieren. Der Angreifer sollte sich hüten, durch Beschädigung des Torbaues ein Sakrileg zu begehen. Der stauferzeitliche Südpalas weist zur Hofseite hin aufwendig gestaltete Fensterumrahmungen auf. Die Zweier- und Viererarkaden sind durch rechteckige Friese gerahmt, deren Schachbrett- oder Zackenmuster sehr sorgfältig gearbeitet sind. Eine hölzerne Freitreppe führte vom Hof aus durch ein Kleeblattportal in das Gebäude. Im Innern befinden sich an den Fenstern Sitznischen. Ein Kamin deutet auf relativen Komfort zumindest in der Kemenate hin, dem den Damen vorbehaltenen Gebäudeteil. Im großen Saal des Obergeschosses muß es bei aller Schönheit der Bauverzierung stets mörderisch gezogen haben. Die ovale Ringmauer ist aus grobem Basaltstein aufgeführt und mit den für die Zeit typischen Buckelquadern verblendet. Das sind mächtige Sandsteine, deren Körper an der Außenseite unbehandelt bleibt, lediglich ein feiner Rand ziert den Stein. Aufgeschichtet ergeben sie eine rustikale und doch kunstvoll gestaltete Wandfläche. Der östliche Bergfried ist ebenfalls stauferzeitlich. Der westliche kam erst später hinzu.

Auf diesem von der Ringmauer eingefaßten Oval können wir uns den ritterlichen Zweikampf zu Pferde vorstellen, den Tjost, und wenn der Minnesänger Friedrich von Hausen hier war, der sich genau so wie Kuno von Münzenberg in der Umgebung des Kaisers Barbarossa aufgehalten hat, dann sind wir auf dieser Burg nahe an den „fröuden" und „hochgeziten", von denen die erste Strophe des Nibelungenliedes kündet. Die Münzenberger verkörperten die Ideale der stauferzeitlichen Ritterethik, die maze und die staete, die Hartmann von Aue, der ebenfalls Ministeriale war, in seinen Epen definierte. Auch politische Spruchdichtung im Sinne von parteiischer Propaganda im Stile Walters von der Vogelweide paßt hierher, denn das Münzenberger Geschlecht war verstrickt in den Endkampf der Staufer in der Wetterau.

Die Herren von Büdingen

Neben den Münzenbergern standen die Herren von Büdingen in einem ebenso engen Verhältnis zu den Staufern. Sie waren Dienstmannen im Reichsbezirk Gelnhausen und schon in salischer Zeit Forstmeister des Büdinger Waldes zwischen Nidder und Kinzig. Als solcher wird Gerlach I. erstmals 1131 erwähnt. In dieser Position waren sie wirksame Helfer für die staufische Territorialpolitik in der Wetterau. Gerlach II. war kaiserlicher Burggraf in Gelnhausen und erster Landvogt der Wetterau. Nach seinem Tod 1240 traten die Ysenburger aus dem Sayntal nördlich von Koblenz und die Breuberger die Nachfolge an, von denen sich schließlich die Ysenburger durchsetzen konnten, deren alleinige Rechte am Reichswald gesichert wurden. Ebenso wie der Reichsforst Dreieich südlich von Frankfurt, dem das Geschlecht von Hagen und Arnsburg seinen sozialen Aufstieg verdankte, bildete der Büdinger Wald eine wichtige Stütze des Kaisers in der Wetterau. Denn Wald bedeutete eine Vielzahl von Ressourcen für das bäuerliche Leben. Durch Rodungen

35

Bad Nauheim

Bad Nauheim
Nieder-Mörlen
Rödgen
Schwalheim
Steinfurth
Wisselsheim

35-1

konnten neue Anbauflächen gewonnen werden. Die jagdliche Nutzung war allein adliges Privileg, Bauern waren keine Waffenträger und nahmen an Jagden lediglich als Treiber teil. Durch Wildschaden wurde ihr schwerer Alltag noch zusätzlich belastet. Für sie bedeutete der Wald aber einen reich gedeckten Tisch für die Eichelmast der Schweine, ein Holzreservoir zum Bauen und Feuern und nicht zuletzt Vorrat an Laubstreu für das Stallvieh. Der Reichsforstmeister hatte in Büdingen stets mehrere rassische Jagdhunde mit silbernen Halsbändern für den kaiserlichen Besuch zu halten. Hartmann I. v. Büdingen begann um 1180 mit dem Bau einer Wasserburg an einer Furt über den Seemenbach. Die Umfassungsmauer aus schönen Buckelquadern ist vollständig erhalten. Die Burg selbst, ein fast kreisrundes Vieleck, wurde Ende des 15. und im beginnenden 16. Jahrhundert zu einem gotischen Schloß ausgebaut. Vom staufischen Kapellenbau ist im inneren Burghof noch das schöne Säulenportal erhalten. Zahnschnitt und Kugelornament begleiten den Rundbogen, unter dem sich im Tympanon in einem edlen Rankenfries zwei Gestalten unter ein Kreuz knien, vermutlich die Erbauer der Burg, Hartmann und Hermann von Büdingen. Das zweite erhaltene Beispiel staufischer Steinmetzkunst ist im Byzantinischen Zimmer des Palas zu sehen, eine dreiteilige romanische Arkade. Die rechte Säule ist im Schaft in der Mitte verknotet, eine Spielerei spätromanischer Bauhütten. Diether I. von Ysenburg wurde von Kaiser Friedrich III. 1442 in den Reichsgrafenstand erhoben. Er leitete dann auch folgerichtig den Umbau der Burg ein, den sein Sohn Graf Ludwig II. vollendete. Zu dieser Zeit stellte das Haus mit Ludwigs II. Bruder Diether von Ysenburg einen Mainzer Erzbischof. Die damit gewonnene reichspolitische Bedeutung zahlte sich aus, als die Ysenburger Grafschaft mit der Gerichtshoheit alle Kennzeichen

35-1 Bad Nauheim, Blick über die Jugendstilanlagen des Sprudelhofs zum Bahnhof, im Hintergrund der Schornstein der ehemaligen Saline
36-1 Der sog. Römerhof in Rödgen, Fachwerkhaus von 1692
36-2 Kath. Pfarrkirche Maria Himmelfahrt in Nieder-Mörlen. Der Barockbau wurde 1950 über den Dachreiter hinaus verlängert.
36-3 Das Schwalheimer Rad trieb einst ein 900 Meter langes Pumpgestänge zur Berieselung der Bad Nauheimer Gradierbauten an.
37-1 Der Brunnenpavillon der Löwenquelle am Schwalheimer Sauerbrunnen aus der Zeit vor dem 1. Weltkrieg
37-2 Das Rosenmuseum in Steinfurth diente bis zur Eingemeindung nach Bad Nauheim als Rathaus.
37-3 Blick in die Wisselsheimer Salzwiesen
37-4 Blick vom Johannisberg über Bad Nauheim in die Wetterau

37-1 37-2 37-3

37

-4

Stadt Bad Nauheim mit Stadtteilen

30.199 Einwohner
32,55 qkm Gemarkungsfläche
928 Einwohner pro qkm
1:50.000 Maßstab der Karte
(1 cm = 0,5 km)

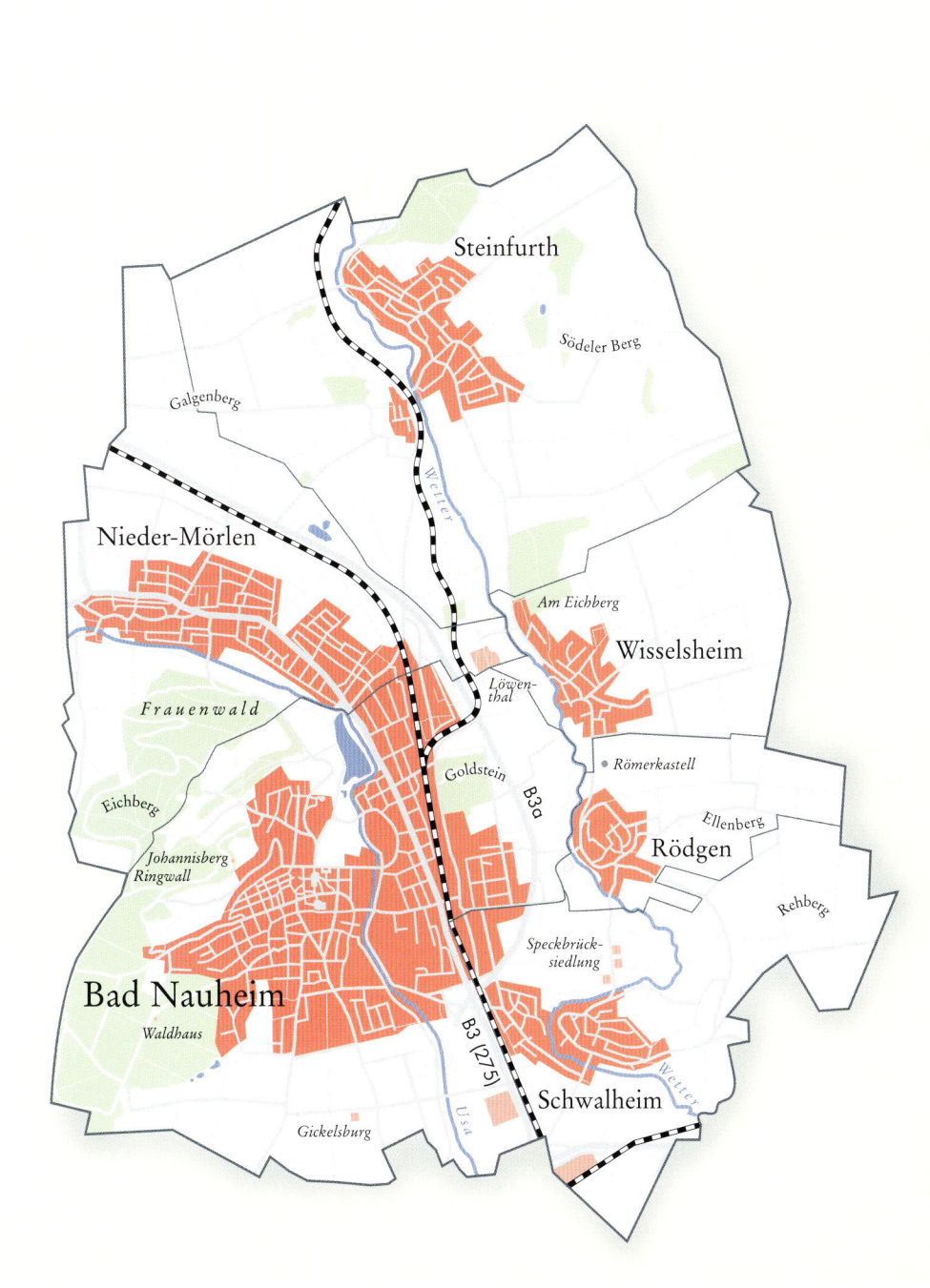

eines Territorialstaates erringen konnte und für die Unterstützung des Bischofs in der Mainzer Stiftsfehde mit der nahegelegenen Ronneburg belehnt wurde. Entsprechend großzügig gestalteten die Grafen die neue Vorburg in Büdingen mit wappengeschmücktem Wachbau, Stallhof und Marstall und die Kernburg mit dem Bergfried aus der Mitte des 12. Jahrhunderts, der den für Wetterauer Türme typischen Butterfaßaufsatz erhielt. Den Eingang zum inneren Burghof flankieren zwei eindrucksvolle Steinfiguren als Wappenhalter. Beim Umbau wurde die Burgkapelle aus dem feuchten Erdgeschoß in das wohnliche Obergeschoß verlegt. Bei der Raumgestaltung zeigte der Büdinger Steinmetz Siegfried Ribsche Geschick, indem er den romanischen Wehrgang in eine spätgotische Galerie mit Maßwerkbrüstung verwandelte. Auch das Netzgewölbe wurde von seiner Werkstatt erbaut. Die heute wieder freigelegte Wand- und Gewölbemalerei ist ebenfalls gotischen Ursprungs. Der krumme Saal im Schloß trägt dem polygonalen Grundriß des Gesamtbaues Rechnung. Er beherbergt heute die Bibliothek der 1806 gefürsteten Ysenburger Schlossherren. Die Kanzel in der Kapelle und verschiedene Erker zum Hof hin sind Renaissanceergänzungen, aus der Barockzeit stammt das Hauptportal. Das Schloß ist in verschiedenen Räumen zu unterschiedlichen Zeiten ausgemalt worden. Im Gemalten Zimmer im Erdgeschoß des Palas sind zahlreiche Wappen tapentenartig an die Wand gemalt, ein Hinweis auf die Rolle, die Büdingen später im Wetterauer Grafenverein spielte. Ein großes Wandgemälde gibt Aufschluß über die in der Renaissance bekannten Musikinstrumente, eine aussagekräftige Darstellung höfischen Lebens. Eine für die Baugeschichte ergiebige Quelle stellt das Bild des Schlosses um 1550 im Rittersaal des Palas dar. Der Maler vermittelte dem Betrachter dabei die Illusion, die Burg durch ein vergittertes

38-1 Das Kurhaus mit der Caféterrasse auf der Parkseite
38-2 Blick vom Bahnhof über den Sprudel auf den Johannisberg mit Restaurant und davor liegendem Weinberg
39-1 Die Wilhelmskirche wurde für die reformierte Gemeinde erbaut, nachdem Nauheim 1736 an das Haus Hessen-Kassel gefallen war.
39-2 Der Waitzsche Turm war im 18. Jh. eine Windmühle zur Beförderung der Sole auf die Gradierbauten. Er trägt den Namen des Salinendirektors Waitz von Eschen.
39-3 Fachwerkhäuser an der Wilhelmskirche
39-4 Die Ikonostase in der Reinhardskirche, der ehemaligen lutherischen Kirche Nauheims, die seit 1907 der russisch-orthodoxen Gemeinde gehört.
39-5 Die Synagoge wurde 1927 im Bauhausstil errichtet.
39-6 Blick über den großen Teich auf das Teichhaus

39-2
39-3
39
39-4
39-5
39-6

Fenster zu sehen. Im Graf-Diether-Saal im Krummen Saalbau ist eine Sauhatz abgebildet, welche die Jagdleidenschaft der Grafen spiegelt. Eine romantische Malerei mit Szenen aus Sage und Geschichte des Hauses Ysenburg erhielt der Bankettsaal durch den Darmstädter Maler Rudolf Hofmann.

Die Stadt Büdingen

Auch die Stadt Büdingen wurde nachhaltig von der Residenz der Grafen geprägt. Das steinerne Haus gilt als burgartige Anlage inmitten der Stadt. Graf Ludwig II. ließ den hohen fünfgeschossigen Bau mit gotischem Treppengiebel und malerischem zweigeschossigem Erker für seinen Sohn Johann errichten. Er wurde durch eine eigene Ringmauer an die Stadtbefestigung angeschlossen. Zur Altstadt hin bildet das gotische Gebäude einen Abschluß der Sichtachse, was der mittelalterlichen Straße Geschlossenheit verleiht. Auf dem Erker wurde vor kurzem wieder der ursprüngliche gotische spitze Helm angebracht. Der schon sehr deutliche Renaissanceformen zeigende Oberhof ist ebenfalls ein schlossartiger Adelssitz innerhalb der Stadtmauer. Er diente als Witwensitz für Gräfin Barbara und stammt von 1570. Im Treppenturm führt eine Spindeltreppe nach oben. Das Bild der Bürgerstadt ist in der Schloßgasse und der Altstadt eine einzige mittelalterliche Idylle. Die engen Gäßchen werden von gepflegten Fachwerkhäusern gesäumt, z.T. Wohnhäuser von Burgmannen. Oft haben sie ein steinernes Erdgeschoß, eine Feuerschutzmaßnahme, die seit dem späten 15. Jahrhundert galt. Derselbe Treppengiebel wie beim Steinernen Haus begegnet uns auch am Rathaus, aber der rückwärtige Teil des Gebäudes besteht aus Fachwerk wie viele oberhessische Rathäuser. Acht mächtige Eichenständer tragen die Fachwerkkonstruktion des Obergeschosses. Im Spät-

40-1 Das Schloß der Freiherrn von Löw zu Steinfurth von der Gartenseite aus
40-2 Blick auf Steinfurth, im Hintergrund das Wintersteinmassiv mit dem Steinkopfturm
41-1 Rosenfeld bei Steinfurth
41-2 Blick in den Chor der Ev. Pfarrkirche Steinfurth mit ausgemaltem Sterngewölbe
41-3 Barockes Prunkgrabmal des Freiherrn Georg Philipp von Löw zu Steinfurth
41-4 Blick auf den Galgenberg zwischen Nieder-Mörlen und Steinfurth

40-1

40-2

41-1
41-2
41-3

41

mittelalter baute die sebstbewußte Bürgerschaft den vorderen Teil in Stein, dem Material, das ursprünglich nur Kirche und Adel vorbehalten war. Ein Fensterband, das sich über die gesamte Breite des Hauses erstreckt, verleiht dem Festsaal im Obergeschoß Licht. Das steinerne Untergeschoß diente der Stadt einst als Kaufhalle. Ist das Gebäude auch Ausweis bürgerlichen Stolzes, so kann es nicht darüber hinwegtäuschen, daß der eigentliche Stadtherr der Regent war. Ungefähr gleichzeitig mit dem Rathaus wurde auch die prachtvolle gotische Halle der Marienkirche erbaut. An den fast quadratischen Raum schließt sich nach Osten ein großer Chor mit einem Netzgewölbe an, ähnlich wie in der Schloßkapelle. Auch hier war Siegfried Ribsche am Werk. An die Kirche fügt sich die Hohe Schule an, die gegründet wurde, um fähige Verwaltungsbeamte für das Fürstentum auszubilden. Zu dieser Zeit, als die Büdinger Altstadt ihr gotisches Gepräge erhielt, war sie mit der nördlich des Küchenbaches sich erstreckenden Handwerkersiedlung der Neustadt bereits vereint. Graf Ludwig II. hat beide dann mit einem neuen Befestigungswerk umgeben, das Büdingen den unverwechselbaren Charakter einer geschlossenen mittelalterlichen Stadt verleiht. Jeder kennt das Untertor, geläufiger ist die Bezeichnung Jerusalemtor, mit seinen charakteristischen Festungstürmen.

Die gotische Maßwerkbrüstung mit dem Wappenerker verleiht den abweisenden Bastionen mit ihren bedrohlich wirkenden Maulscharten wieder etwas Gewinnendes. Auch die Partie am Mühltor ist eine vielfotografierte Idylle am Seemenbach. Martialisch degegen wirkt die Bastion am höchsten Punkt an der nordwestlichen Ecke der Stadtbefestigung. Im Innern ist sie mit Geschützkammern ausgestattet, Laufgänge verbinden sie mit dem benachbarten Gefängnisturm. Die nordöstliche Ecke der Befestigung markiert der sog. Folterturm. Die Ge-

42-1 Moderne Skulptur unter dem Springbrunnen im Kurpark

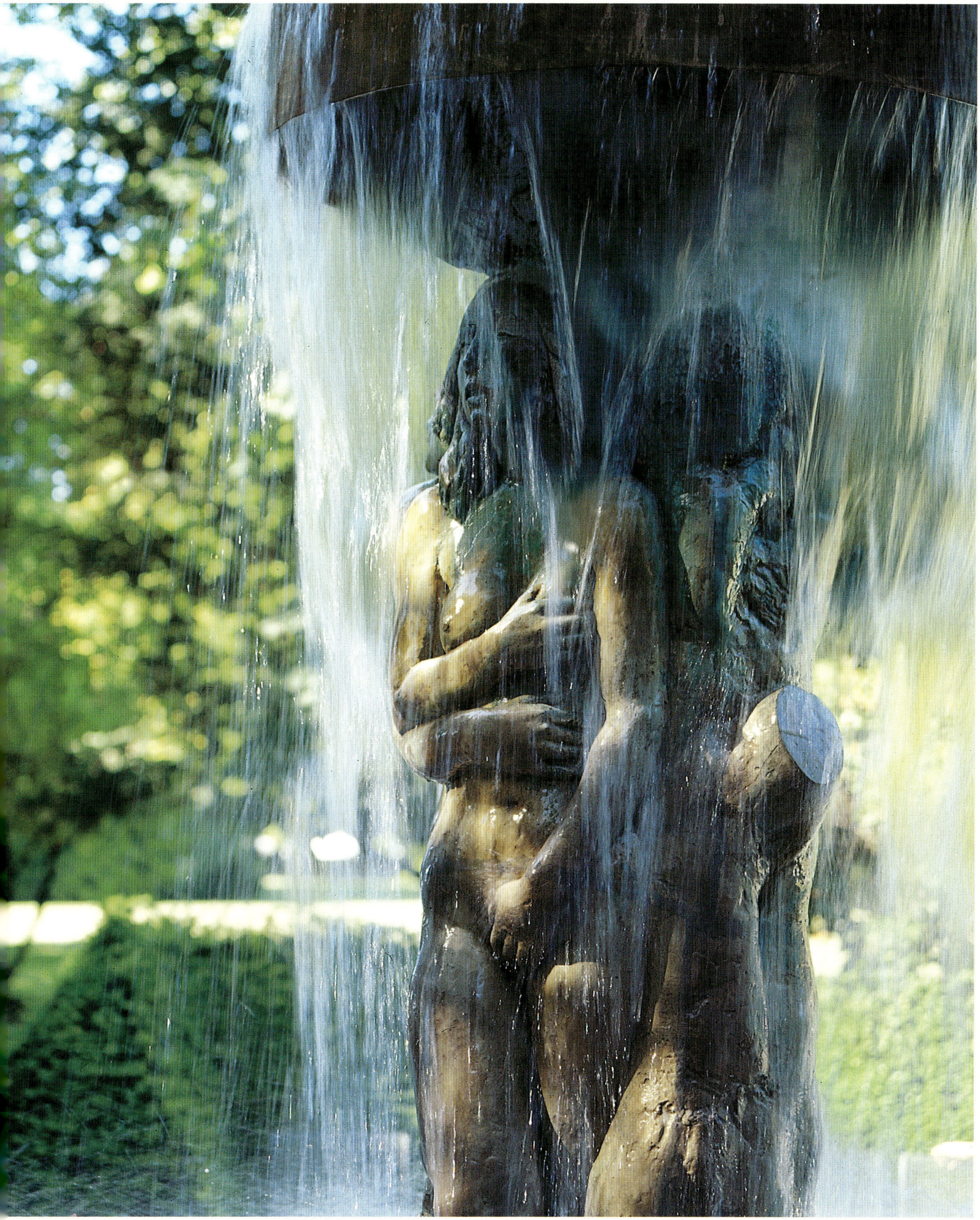

samtanlage bedeutet in ihrer spätmittelalterlichen Geschlossenheit ein städtebauliches Kleinod, das aber nicht darüber hinwegtäuschen darf, daß es aus ernstem Anlaß erbaut wurde, um in kriegerischen und fehdereichen Epochen die Bürgerschaft der kleinen Residenz zu schützen, und daß dieser Bau der zahlenmäßig bescheidenen Gemeinde ungeheure Opfer abverlangte, oblag ihr doch auch die militärische Besetzung der Anlage im Verteidigungsfall. 1544 wurden 234 Schützen aufgeboten.

Aus der Reihe der Büdinger Regenten ragt in der ersten Hälfte des 18. Jahrhunderts Graf Ernst Casimir heraus, der 1712 ein Freiheitsedikt erließ, in dem er zur Ansiedlung im Büdinger Land aufrief, das durch den Dreißigjährigen Krieg, durch Pest und Not, aber auch durch den selbstgemachten Wahnsinn der Hexenverfolgung arg dezimiert war. Er versprach allen Siedlern Glaubensfreiheit, wenn sie "ehrbar, sittsam und christlich leben". Dadurch fühlten sich vor allem die vom orthodoxen Luthertum verfolgten Pietisten und Erweckte berufen, sich in der Büdinger Neustadt niederzulassen. Ihre kleinen einheitlichen Häuschen sind heute noch in der Bahnhofstraße erhalten und erinnern an diese Siedlung, die sich auf Freiheit und Toleranz gründete, Hugenotten und Waldensern eine zweite Heimat bot und durch deren Handwerk die heimische Wirtschaft befruchtete.

Die Kaiserliche Burg Friedberg

Doch zurück zur Stauferzeit. Neben der Verpflichtung der Reichsdienstmannen in Münzenberg und Büdingen gelang den Staufern in Friedberg eine ganz andere Sicherung ihrer terra imperii, die bis zum Ende des alten Reiches 1806 eine Interessensolidarität zwischen Kaiser und Burg Friedberg bedeuten sollte. In das Burgensystem zwischen Wetzlar und Geln-

44-1 Das Wasserrad am Ludwigsbrunnen pumpte wie das Schwalheimer Rad Sole auf die Gradierwerke der Langen Wand.
44-2 Das ehemalige Balneologische Institut aus den zwanziger Jahren mit neobarockem Rundbau in der Mitte
44-3 Die ehemalige Dampfwaschanstalt. Auch die technischen Anlagen des Bades sind mit Jugendstildekor geschmückt, hier die verkupferten Dampfabzüge.
44-4 Die Gastronomie um das Alte Rathaus bildet einen beliebten Treffpunkt für Jung und Alt.
45-1 Die Trinkkuranlage bildete den Schlußpunkt der Jugendstilarchitektur von Wilhelm Jost, hier die Musikmuschel im Innenhof.
45-2 Die runde Pergola des Alicebrunnens mit wasserspeienden Löwenköpfen. Die Inschrift erinnert an die Stifter Heinrich und Käthchen Schuckhard.
45-3 Die Stadtbücherei im ehemaligen Inhalatorium, einem Fachwerkhaus von 1901 mit Neorenaissanceschmuckformen
45-4 In jüngster Zeit wird auf dem Johannisberg wieder Wein angebaut.

45-2   45-3

45

hausen fügten sie auf dem Friedberger Burgberg eine weitere Anlage hinzu, deren rechteckiger Grundriß noch die Maße des früheren Römerkastells ahnen läßt. Dieses riesige Areal wurde nicht einer einzigen Ministerialenfamilie anvertraut, sondern hier sollte eine geschlossene Burgmannschaft aus der Umgebung Burghut leisten. Die Familien Löw zu Steinfurth, Wais von Fauerbach, von Kransberg, Büches, Mörlen, Wisselsheim, Karben, Düdelsheim und Leustadt stellten über Jahrhunderte immer wieder Burgmannen und auch Burggrafen. Denn an der Spitze dieser Adelsgesellschaft stand der zunächst vom Kaiser eingesetzte Burggraf, der 1216 in einer Urkunde Friedrichs II. erstmals zusammen mit dem Frankfurter Stadtschultheiß und Ulrich von Münzenberg genannt wurde. Zu dieser Zeit muß die Burg also bereits im kaiserlichen Interesse funktionsfähig gewesen sein. Ihre Gründung erfolgte zur Zeit Friedrich Barbarossas, als die Grafen von Nürings ausstarben, die als mächtige Gaugrafen in der Wetterau und im Niddagau auf der Burg Falkenstein am Taunus gesessen hatten. Die in der Burg anwesenden Burgmannen haben zu verschiedenen Zeiten ihre eigenen Häuser gebaut, die heute zum Teil noch erhalten sind und den uneinheitlichen Baucharakter des Burggeländes ausmachen. Das prächtigste ist das Renaissanceschloß, das ursprünglich als Kronberger Hof gebaut wurde und 1698 von der Burg als Burggrafiat, Amtssitz des Burggrafen, übernommen wurde. Das älteste Burgmannenhaus, der Lange Bau der Familie Riedesel zu Bellersheim mit deren Wappen über dem Eingang, stammt von 1553 und trägt über dem festen Untergeschoß ein Fachwerkobergeschoß. Ähnlich gebaut ist die Hofanlage der Burgmannen von Braubach und von Rheinsberg, die den Platz am St. Georgsbrunnen nach Westen begrenzen. Sie stammen aus den Jahren unmittelbar vor dem Dreißigjährigen Krieg. Das Burg-

46-1 Die Badehäuser sind mit wertvollem Jugendstildekor geschmückt, hier eine Glastür.
47-1 Der Sprudelhof mit Verwaltungsgebäude, Wandelgängen und Treppenaufgang zum Großen Sprudel
47-2 Jugendstilfenster
47-3 Die beiden großen Sprudel mit Blick auf Verwaltungsgebäude
47-4 Blick auf die Wandelgänge um den Sprudelhof vom Park aus

47-1

47-2

47

47-3

47-4

mannenhaus der Brendel von Homburg schräg gegenüber der Burgkirche ist ein prächtiger Barockbau mit Mansarddach, der schlichtere Bünauer Hof an der Nordostecke und das Haus der Löw zu Steinfurth auf der Mauer im Nordwesten stammen aus dem 18. Jahrhundert.

Die Reichsstadt Friedberg

Die Gebäude der Friedberger Burg weisen keinerlei zeittypische Merkmale ihrer staufischen Entstehung auf, weil sie alle aus späteren Jahrhunderten stammen. Denn 1275 wurde die Stauferburg ein Opfer städtischer Okkupation und Zerstörung. Südlich der Burg zeigt die „Breite Straße", der mittelalterliche Name der Kaiserstraße, die planende Hand kaiserlicher Stadtgründung. Enge und Beschaulichkeit mittelalterlicher Gassen gibt es nur rechts und links von ihr, sie selbst diente als Markt und Messeplatz den Fernkaufleuten zum Warenumschlag. Mit der Gründung der Stadt Friedberg im Schutze der kaiserlichen Burg beteiligten sich die Staufer am Wettlauf anderer Reichsfürsten um die Teilnahme an der Geldwirtschaft. Sie scheint Ende des 12. Jahrhunderts interessanter und zukunftsträchtiger zu sein als die aus der feudalen Grundherrschaft bezogenen Naturalabgaben. Daß diese Rechnung aufging, beweist das Reichssteuerverzeichnis von 1241, in dem die Städte nach ihrer Steuerkraft aufgelistet sind. Die Wetterauer Städte stehen hier ganz oben, Friedberg zahlte mit 120 Mark, das sind 28 kg Feinsilber, etwa die Hälfte der Frankfurter Leistung. Die Finanzkraft der Städte wurde so binnen weniger Jahrzehnte zur wirksamsten Stütze kaiserlicher Macht, umgekehrt schützte der waffentragende Adel in kaiserlichem Dienst von den Burgen aus Handel und Wandel der bürgerlichen Kaufmannsschicht. Die wiederum entwickelte so viel Selbstbewußtsein, daß sie die adlige Bevormundung durch die Burg in einem gewaltsamen Aufstand 1275 abzuschütteln versuchte. Diesem Versuch war aber nur kurzfristig Erfolg beschieden. Der pro forma beiden Gemeinwesen vorstehende Kaiser bestrafte seine Stadt zwar nicht, die Kosten für den Wiederaufbau seiner Burg beglich er selbst, indem er auf die Einnahmen aus der Friedberger Judensteuer verzichtete, die seitdem an die Burg zu entrichten war, aber in einem Sühnebrief von 1306 wurden die politischen Verhältnisse so geregelt, daß der Burggraf nun 6 Burgmannen in den Rat der Stadt plazierte, so daß die Stadt ihre politische Selbständigkeit damals weitgehend eingebüßt hat.

Auch juristisch ist eine deutliche Zurückstufung hinter Frankfurt darin zu erkennen, daß die Entscheidungen des dortigen Rates auch für die anderen Wetterauer Städte rechtsverbindlich wurden. Frankfurt war ihr Oberhof, d.h. ihre Berufungsinstanz. Umgekehrt wirkte Friedberg als Oberhof für kleinere Städte weit in den hessischen Norden hinein.

Die wirtschaftliche Bedeutung der Stadt war zunächst noch eindrucksvoll. Grundlage war die Produktion von Textilien. Das begehrte Friedberger weiße Tuch, eine ungefärbte Gebrauchswollequalität, machte die Wollweber und andere textilverarbeitende Handwerkszweige zum Kern des zünftigen Gewerbes. In Friedberg fanden jährlich zwei Messen statt, die 1332 von Kaiser Ludwig dem Bayern von 8 auf 14 Tage verlängert wurden. Diese Verlängerung entsprach offenbar dem Bedürfnis der Kaufmannschaft. Das Haus „Roseneck", Kaiserstraße 59, stammt in seiner heutigen Bausubstanz zwar aus dem 15. Jahrhundert, zeugt aber vom Lebensstil der wohlhabenden Friedberger Kaufleute. Im Untergeschoß führen gotische Tore in die Kaufhalle, während sich im vorkragenden Fachwerkobergeschoß repräsentative Wohnräume befinden. Auch das älteste Haus auf der Kaiserstraße,

Bad Vilbel

Bad Vilbel
Dortelweil
Gronau
Massenheim

49-1

dessen romanische Toreinfahrt noch aus dem 12. Jahrhundert stammt, ist ein Kaufmannshaus. Das schwarze Deutschordenskreuz auf weißem Grund zeigt, daß es später als Faktorei der Deutschordenskommende Frankfurt-Sachsenhausen genutzt wurde, in der Agrarprodukte auf den städtischen Markt gebracht wurden, wie auch in der Klostergasse in der Faktorei des Zisterzienserklosters Arnsburg, dem sog. Arnsburger Hof. Die Stadterweiterungen entlang den Ausfallstraßen nach Süden und nach Norden beweisen den raschen Aufschwung der Stadt. Im Süden entstand die Mainzer Vorstadt mit der Leonhardskirche auf dem heutigen Goetheplatz, die 1842 verschwand, im Norden die Usavorstadt mit den Mühlen und der Heilig-Geist-Kirche beim Spital. Sie wurde erst 1965 völlig beseitigt. Im Osten entwickelte sich die Barbaravorstadt mit der Barbarakapelle, von der noch das malerische efeuumrankte Pförtchen erhalten ist. Die Vorstadt zum Garten schließlich am westlichen Fuß des Burgberges gehörte zum Territorium der Reichsburg. Hier wohnten die Bediensteten des Adels. Die Bevölkerung der umliegenden Grundherrschaften wurde von der aufblühenden Stadt angezogen, die Arbeitsmöglichkeiten, vor allem aber persönliche Freiheit bot. Trotzdem darf man sich die Friedberger Bevölkerung nicht zu zahlreich vorstellen. Für das 14. Jahrhundert wurden 3000 Einwohner geschätzt. Vor diesem Hintergrund ist das gewaltige Bauvorhaben dieser Stadt zu würdigen, die Stadtkirche. Bereits aus den Gründungsjahrzehnten der Stadt in der Stauferzeit stammte eine romanische Kirche, die abgebrochen und Zug um Zug durch eine moderne frühgotische Hallenkirche nach dem Vorbild der Elisabethkirche in Marburg ersetzt wurde. Der romanische Ciborienaltar mit schönen Knospen- und Blattkapitellen sowie der auf Löwen ruhende Taufstein stammen noch aus dem Vorgängerbau. Das Brautportal am süd-

49-1 Der Friedrich-Karl-Brunnen ist nach Landgraf Friedrich-Karl von Hessen zu Philippsthal benannt.
50-1 Das Chausseehaus in Dortelweil war Frankfurter Zollhaus an der Chaussee nach Friedberg.
50-2 Das Rathaus hat ein Fachwerkobergeschoß aus dem 16. Jh., während das Untergeschoß aus dem frühen 19.Jh. stammt.
51-1 Das Frankfurter Wappen am Chausseehaus von 1783
51-2 Der Dottenfelder Hof, einst Ilbenstädter Hofgut, ist heute ein selbstvermarktender Ökohof.
51-3 Die Ev. Kirche in Massenheim mit achteckigem Glockendachreiter und Spitzhelm

51-1

51-2

51-3

51

Stadt Bad Vilbel mit Stadtteilen

29.716	Einwohner
25,65 qkm	Gemarkungsfläche
1.159	Einwohner pro qkm
1:50.000	Maßstab der Karte
	(1 cm = 0,5 km)

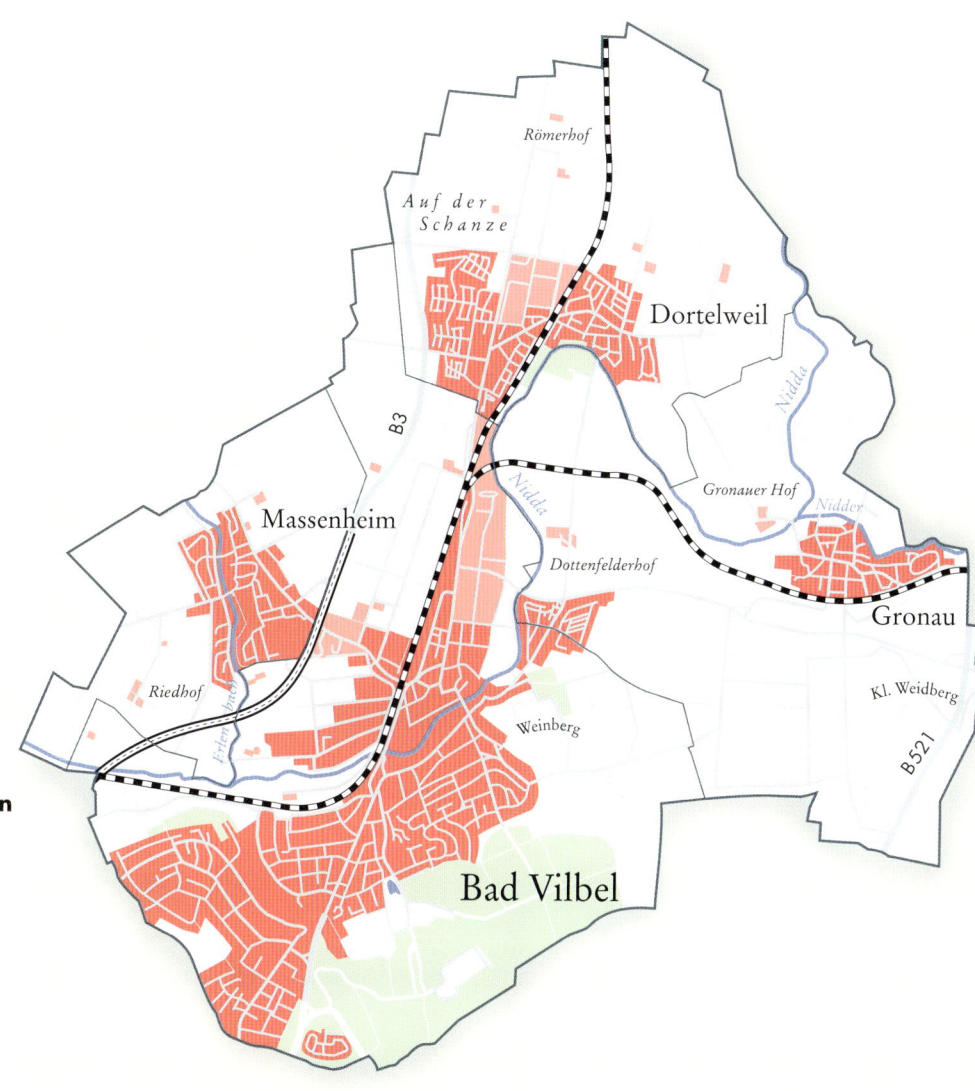

lichen Querhaus, die Lettnermadonna aus dem Ende des 13. Jahrhunderts und die drei mittleren Chorfenster der Friedberger Meister Heinrich Heyl und Konrad Rule sowie das spätgotische Sakramentshäuschen des Johann von Düren beweisen den Reichtum der Stifter und Auftraggeber und das künstlerische Niveau der in der Reichsstadt tätigen Bauhütten und Handwerksmeister. Die Madonna zeigt Bewegung in ihrer Körperhaltung und ein schönes Lächeln, und das Kind nimmt die von der Hüfte der Mutter ausgehende Bewegung auf und ruht leicht auf ihrem Arm. Bei der umfassenden Restaurierung der Kirche um die Wende zum 20. Jahrhundert erhielt sie einen bedeutenden Fensterzyklus des Frankfurter Glasmalers Alexander Linnemann. Die teilweisen Zerstörungen durch den 2. Weltkrieg konnten in den sechziger Jahren durch moderne Glasfenster von Charles Crodel wieder behoben werden, und in jüngerer Zeit wurden die letzten noch hellen Scheiben durch qualitätvolle Arbeiten von Blasius Spreng, H.G. Stockhausen, Elfriede Böhmer und ein weniger gelungenes Bild von Lander ersetzt, so daß jetzt eine geschlossene Verglasung den weiten Raum belichtet. Die Harmonie der Kirche rührt von ihrem Proportionsgesetz, nach dem die Breite der Seitenschiffe die Hälfte der Vierungsdiagonale ausmacht, was zu einer großzügigeren Raumwirkung führt als bei den meisten anderen Kirchen, bei denen die Seitenschiffe nur die halbe Jochbreite des Langhauses ausmachen. Wer um die Mittagszeit vom Querhaus aus diagonal in diesen von hohen Sandsteinpfeilern gegliederten und durch die großen Glasfenster belichteten Raum blickt, der spürt etwas von der Frömmigkeit der mittelalterlichen Erbauer, die inmitten ihrer winkligen Gäßchen und abseits der Marktstraße ein himmlisches Jerusalem errichten wollten. Als der neue gotische Chor des Kirchenneubaues 1306 geweiht wurde, geschah dies von promi-

52-1 Die Alte Mühle an der Nidda in Bad Vilbel
52-2 Der Ziehbrunnen in der Altstadt erinnert an das Vilbeler Wasser.
53-1 Modernes Dienstleistungszentrum der GZS in Dortelweil-West
53-2 Der Delphinbrunnen
53-3 Brunnen am Kulturzentrum Alte Mühle
53-4 Blick in die Frankfurter Straße

53

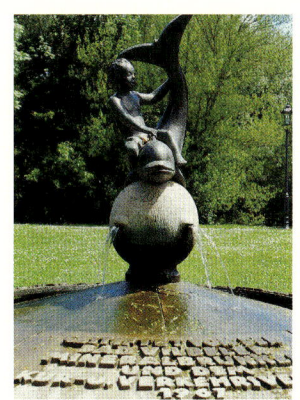

53-2

53-3

nenter Seite. Bischof Siegfried von Chur weihte in Anwesenheit von Königin Elisabeth, der Frau Albrechts I., den Altar und gewährte den Friedbergern einen Bußablaß von 40 Tagen. Damit sollte vermutlich nicht nur der Kirchgang belohnt werden, vielleicht verbirgt sich hinter diesem Ablaß auch ein Aufruf, den Kirchenbau durch Spenden weiter zu fördern. An der Stadtkirche läßt sich ablesen, daß trotz der wirtschaftlichen Bedeutung der Stadt die Burg die politische Oberhand behielt, denn auf ihren Einspruch hin verfügte König Ruprecht von der Pfalz 1410, daß die Kirchtürme nicht höher als zum bereits vollendeten dritten Geschoß des Nordturms geführt werden durften, um die Burg nicht militärisch zu bedrohen. So blieb der Stadt die Blamage erspart, ihren Prestigebau aus finanziellen Gründen einstellen zu müssen. Eine andere königliche Entscheidung hatte die Stadt bereits Generationen vorher hart getroffen. Karl IV. hatte sie 1349 aus Geldmangel verpfändet. Als es der Burg gelungen war, die Pfandschaft nach und nach zu erwerben, war der Burggraf auch formell Herr der Stadt. Die Burg trug seitdem den silber und schwarz geteilten Schild des Stadtwappens als Bestandteil im Burgwappen, das den doppelköpfigen Reichsadler mit Krone, Zepter und Schwert zeigt. Selbständige städtische Außenpolitik hatte bereits mit der Niederlage der Wetterauer Städte unter Frankfurter Führung gegen Pfalzgraf Ruprecht 1389 bei Kronberg geendet. Diese Niederlage folgte dem Rückgang der Friedberger Tuchproduktion und der Tatsache, daß die Friedberger Messe seit dem Ende des 14. Jahrhunderts nur noch die Bedeutung eines lokalen Marktes besaß. Die Frankfurter Messe hatte die Friedberger deshalb verdrängt, weil sich Frankfurts Lage langfristig als verkehrgünstiger erwies und vor allem weil die Friedberger als reine Textilmesse nicht krisenfest genug war, den Rückgang dieses Wirtschaftszweiges zu

54-1 Der Urquell Brunnen am Rathaus
55-1 Die Kath. Pfarrkirche Verklärung Christi in der Heilsberggemeinde von 1962 mit verspieltem freistehendem Glockenturm
55-2 Die Zehntscheune an der Wasserburg mit ausgemauertem Fachwerk
55-3 Die Kath. St. Nicolauskirche an der Wasserburg

55-1

55-2

55-3

55

überleben. Außerdem war die verschuldete Stadt nicht mehr in der Lage, die Messebesucher vor der Belästigung durch ritterliche Fehden zu schützen, bedrängte doch selbst die Burgmannschaft anreisende Kaufleute. Die wirtschaftlichen Probleme hatten auch soziale Spannungen zur Folge, die zur Auflehnung gegen den alten Rat führten und zur Bildung eines neuen Rates. Nicht überall verliefen die Aufstände übrigens so glimpflich wie in Butzbach, wo sich die Gemeinde ebenfalls gegen den Rat erhoben hatte „des Brots und anderer Dinge halben", wo es aber bei einem großen Gelage gelang, die Sache friedlich beizulegen.

Die jüdischen Gemeinden

Von Anfang an waren am Friedberger Handel maßgeblich auch jüdische Kaufleute beteiligt. Sie standen unter dem Schutz der Burg, was ihre Ansiedlung zwischen Burg und Altstadt erklärt, und konnten die Rivalität zwischen Burg und Stadt oft zu ihren Gunsten nutzen. Die Bedeutung und der Reichtum der Friedberger Judengemeinde läßt sich am zweiten gotischen Juwel der Stadt ablesen, dem Judenbad, das 1260 von Isaak Coblenz gestiftet wurde, einem aus dem Rheinland stammenden Friedberger Juden. Die Friedberger Judengemeinde grub im Bereich des Ghettos der Judengasse einen Schacht durch den Basaltfelsen, um endlich in 25 Metern Tiefe auf Grundwasser für ein rituelles Frauenbad zu stoßen. Jüdische Frauen sollten nach dem Mosaischen Gesetz einmal im Monat, Bräute vor der Hochzeit und Mütter nach jeder Geburt durch Untertauchen in lebendigem Wasser der rituellen Reinigungsvorschrift genügen. Bei einer Wassertemperatur von ca. 8 Grad spricht das für die starke Religiosität der Gläubigen. Die architektonische Ausgestaltung des 5,5 Meter im Quadrat messenden Bade-

56-1 Friedrich Großholz, Gründer der Vilbeler Urquelle
56-2 Der Zugang zur Wasserburg mit ihrem Wahrzeichen, dem mittelalterlichen Torturm
57-1 Das Burgtor der Wasserburg von innen gesehen
57-2 Die Hassia Quelle, runde Pfeilerhalle mit Putten
58-1 Blick durch den Park auf das Kurhaus

56-1

56-2

57

schachtes wurde von der gleichen Bauhütte vorgenommen, die auch ausgangs des 13. Jahrhunderts am Chor der Stadtkirche gebaut hat, wie die Steinmetzzeichen beweisen. Dieser Umstand, daß die Baukünstler keine Juden waren, hat das Bad auch vor der Zerstörung 1938 bewahrt. Eine Treppe führt in sieben Läufen bis unter den Wasserspiegel. Über den Treppen fangen Viertelbögen den Druck der Wände ab. Die Eckpodeste ruhen auf schlanken Sandsteinsäulen mit frühgotischen Blattkapitellen, wie sie auch am Ciborienaltar in der Stadtkirche vorkommen. Die Tiefe ihres Schachtes und die künstlerische Gestaltung zeichnet die Friedberger Mikwe vor allen anderen erhaltenen aus, etwa in Speyer, Worms oder Andernach. In ihrer Monumentalität ist sie in Deutschland einmalig. In Griedel ist in einem Gewölbekeller eine kleine Mikwe erhalten. Die Synagoge in der Friedberger Judengasse ging in der Reichsprogromnacht in Flammen auf. An ihrer Stelle erinnert eine würdig gestaltete Gedenkstätte an die Verbrechen der Nazizeit, die mit der Deportation der letzten Friedberger Juden 1942 zum Ende der jüdischen Gemeinde geführt haben. Die Gemeinde hatte hier seit 800 Jahren bestanden und immer eine geistige Führerrolle gespielt. Aus ihrer Rabbinerschule sind berühmte Rabbiner hervorgegangen, und zu allen Zeiten leistete sie einen wesentlichen Beitrag zum Wirtschaftsleben und zur Kultur der Stadt. Das jüdische Protokollbuch der Gemeinde formuliert dies so: „Eine Säule, welche nicht umfallen wird, eingebettet am rechtmäßigen Ort, das ist die heilige Gemeinde Friedberg". Im Eingangsbereich zum Judenbad erinnert eine kleine Ausstellung an die Gemeinde und einige ihrer berühmten Mitglieder, z.B. Robert Oppenheimer, den in Friedberg geborenen Diamantenkönig von Südafrika. Der älteste Judenfriedhof vor dem Mainzer Tor ist inzwischen vollkommen überbaut, der dann von 1523 bis 1934 be-

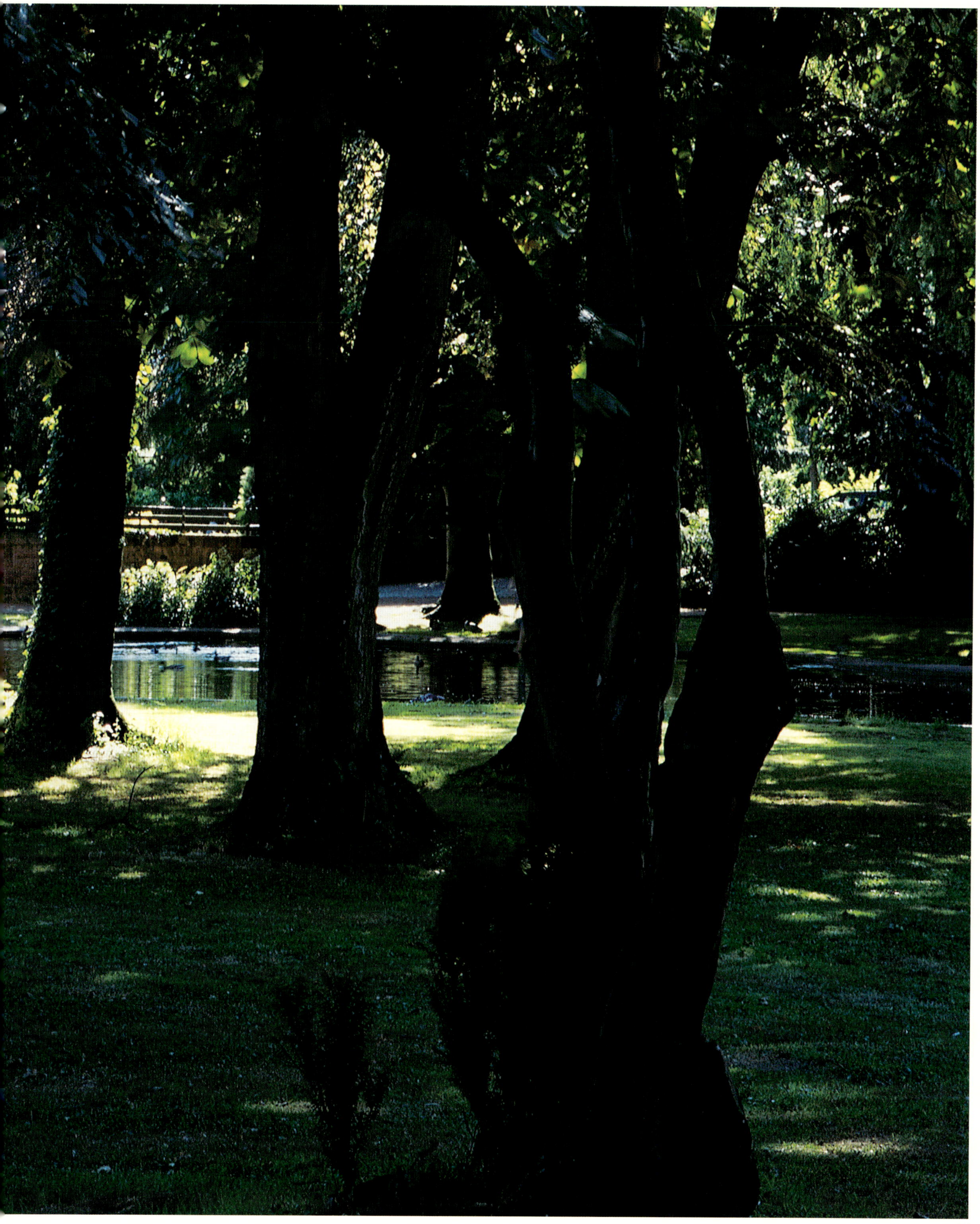

legte Friedhof wird heute von der Ockstädter Straße durchschnitten. Hier erinnert noch ein Tor mit dem Davidsstern an ein Denkmal der jüdischen Gemeinde.

Der in den Jahren 1934 bis 1939 benutzte Friedhof auf der Höhe zwischen Friedberg und Ober-Wöllstadt zeigt noch die letzten Grabsteine derjenigen Juden, deren Tod sie vor der schlimmen Vernichtung bewahrt hat. Ein Verweilen auf dieser Höhe, die einen weiten Blick über die Landschaft erlaubt, bedeutet immer auch Gedenken an das Schicksal der Friedberger Juden. An der Turnhalle der Augustinerschule erinnert eine Bronzetafel an den Ort, an dem die zur Vernichtung bestimmten Juden vor dem Abgang des Sammeltransportes ihre letzte Nacht in Friedberg verbracht haben.

Seit der Auflösung des Ghettos und der beginnenden Gewerbefreiheit anfangs des 19. Jahrhunderts traten die Juden in unmittelbare Konkurrenz zur Friedberger Geschäftswelt, was zu einem latenten wirtschaftlich begründeten Antisemitismus führte, der aber nie zur Größenordnung des wütenden Antisemitismus der Böckelbewegung auf dem Lande im ausgehenden 19. Jahrhundert anwuchs. Die Wetterau als landwirtschaftliches Kernland hatte immer eine zahlenmäßig große jüdische Bevölkerung, in deren Hand die Viehmärkte und z.T. auch das Kreditgewerbe für die ländliche Bevölkerung lagen. Entsprechend groß war der Haß der Schuldner auf ihre andersgläubigen Gläubiger und ihre Anfälligkeit für antisemitische Parolen.

Aber die Synagogen gehörten in den meisten Dörfern zum alten Baubestand der Ortskerne, was besonders schön an der ehemaligen Synagoge in Assenheim zu sehen ist, einem Saalbau mit zwei erhaltenen Rundfenstern aus dem 19. Jahrhundert neben Kirche und Rathaus. Die Dorfsynagogen unterschieden sich auch baulich kaum von ihrer ländlichen Umgebung, waren oft Fachwerkhäuser genau wie die Dorfkirche. Ihr Charme liegt in ihrer Unauffälligkeit und Menschennähe. Bad Vilbel, Büdingen, Eckartshausen, Höchst a.d. Nidder, Gambach bieten Beispiele dafür. In Vilbel weisen lediglich die Rundbogenfenster auf die besondere Funktion dieses Fachwerkhauses hin.

Ganz anders die prächtigeren Stadtsynagogen, von denen die in Bad Nauheim erhalten ist, weil wegen der weltläufigen Kurgäste der NS-Staat auf ein Progrom hier ausdrücklich verzichtete. Der zusammen mit dem christlichen Friedhof zu Beginn unseres Jahrhunderts angelegte jüdische Friedhof an der Homburger Straße blieb ebenfalls unangetastet. Der monumentale Neubau der Synagoge stammt aus dem Jahr 1927 und vereint in der Straßenfront Bauhausstilmittel, z.B. das Flachdach, mit den für den historisierenden Synagogenbau typischen Rundbogenfenstern. Ober-Seemen hat eine für das Dorf verhältnismäßig große Synagoge mit auffälligen Stilelementen der Romanik, aber auch orientalische Formen am Eingang und an den Ecktürmchen. Das Bruchsteinmauerwerk wird durch Mittel- und Ecklisenen sowie die Fensterumrahmungen aus Sandstein schön gegliedert. Ähnliche Sorgfalt ist an der Synagoge in Wenings zu beobachten, die seit 1953 von der katholischen Kirchengemeinde genutzt wird.

Die Wetterauer Kleinstaaterei im Spätmittelalter

Da das Reichsland Wetterau eine zentrale Stütze des staufischen Königtums war, ist es auch nicht verwunderlich, daß sich hier die von den Erzbischöfen von Köln und Mainz angeführte Fürstenopposition gegen die sterbende staufische Macht konzentrierte. Die kleinen, im staufischen Dienst gewachsenen Machthaber hatten im Anschluß an diese Kämpfe größere eigene Entfaltungsmöglichkeiten. Die große territoriale Zersplitterung in den späteren Jahrhunderten liegt hier-

Büdingen

Büdingen
Aulendiebach
Büches
Calbach
Diebach a. Haag
Dudenrod
Düdelsheim
Eckhartshausen
Lorbach
Michelau
Orleshausen
Rinderbügen
Rohrbach
Vonhausen
Wolf
Wolferborn

Ronneburg

in begründet. Eine derartig einschneidende territoriale Veränderung wie nach dem Zusammenbruch der Stauferherrschaft hat die Wetterau erst wieder während der napoleonischen Flurbereinigung der Landkarte 1803 erlebt. Die Landgrafen von Hessen, die Grafen von Solms, von Isenburg-Büdingen, von Hanau, die Herren von Eppstein und Falkenstein - Münzenberg, das Erzbistum Mainz, die Reichsabtei Fulda, die Reichsstadt Friedberg und die vielen ritterschaftlichen Familien, die sich in der Burgmannschaft der Reichsburg Friedberg, aber auch in ritterlichen Erbengemeinschaften wie den Ganerbenburgen Lindheim oder Staden organisierten, färben in Zukunft die politische Landkarte der Wetterau so bunt wie kaum sonst irgendwo im Reich. Die meisten mittelalterlichen Burgen und Städte entstammen dieser spätmittelalterlichen Epoche, dem 13. und 14. Jahrhundert. Durch die Rechtsform der Ganerbschaft konnten einzelne minderbegüterte Ritterfamilien zu mehr Einfluß gelangen. Gemeinsame Besitzrechte an Burgen, Land und Nutzungen sicherten die Existenz der Mitglieder. Der Ertrag wurde geteilt, die Immobilie blieb aber als Ganzes erhalten. Die unsäglichen Erbteilungen wurden somit verhindert. Zur Ganerbschaft Lindheim gehörten über 50 Familien, an Staden, zu dem noch Florstadt und Stammheim gehörten, waren 5 beteiligt. In der Friedberger Burgmannschaft verfügte der König bis ans Ende des alten Reiches über eine zuverlässige militärische Truppe, später vor allem über standesherrliche Vertreter und Diplomaten, die ihm ihrerseits Schutz gegenüber den mächtigeren Nachbarn verdankten. Da in die Burgmannschaft keine Grafen und Herren aufgenommen wurden, ergab sich hier eine besondere Interessensolidarität zwischen ganz oben und ganz unten in der feudalen Lehnsgesellschaft des Reiches. Der Georgsbrunnen in der Friedberger Burg spiegelt in seinem Wappenschmuck am Sockel der

61-1 Büdinger Schloß, Blick aus dem Torbau der Kernburg auf die Vorburg
62-1 Das Rathaus zeigt nach der Straße einen gotischen Treppengiebel. Hinter der Fensterreihe im 1. Stock liegt der Ratssaal.

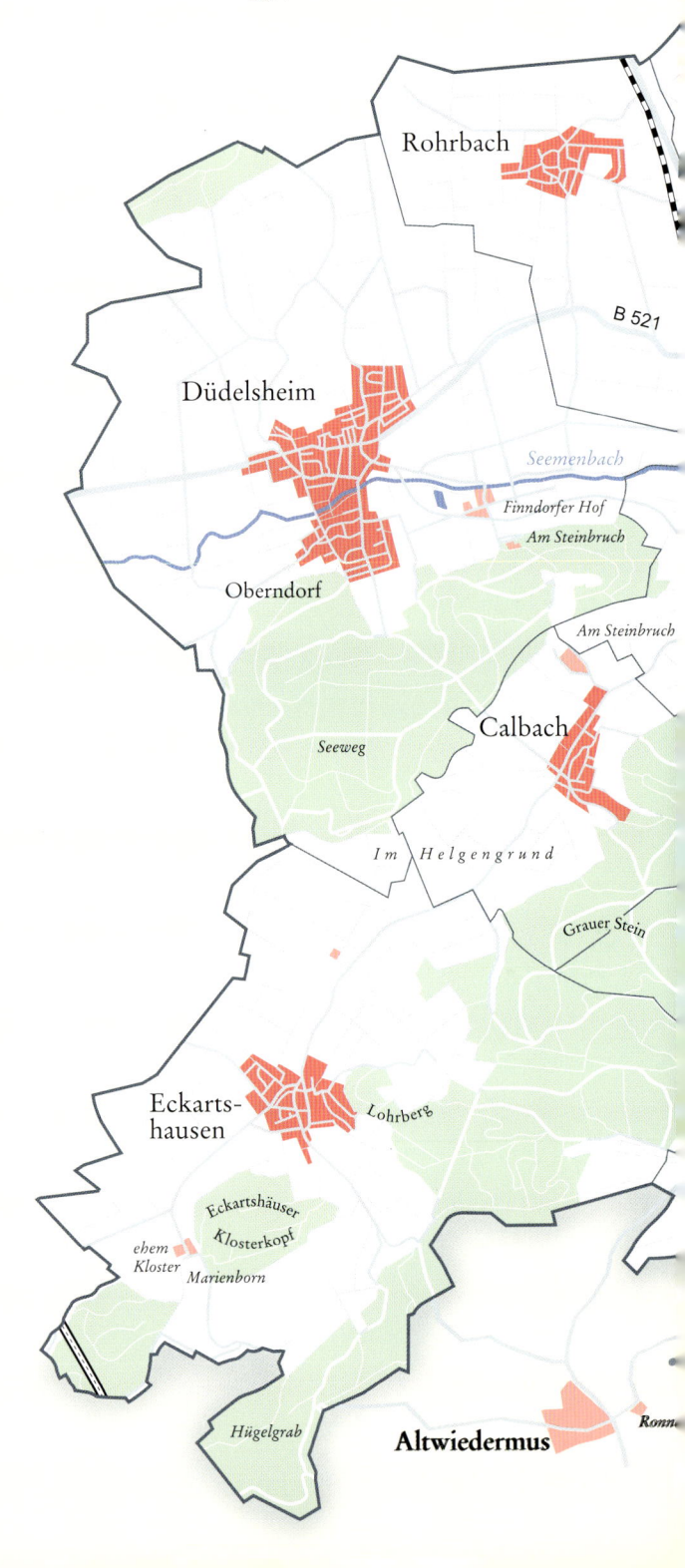

62-1

Stadt Büdingen mit Stadtteilen

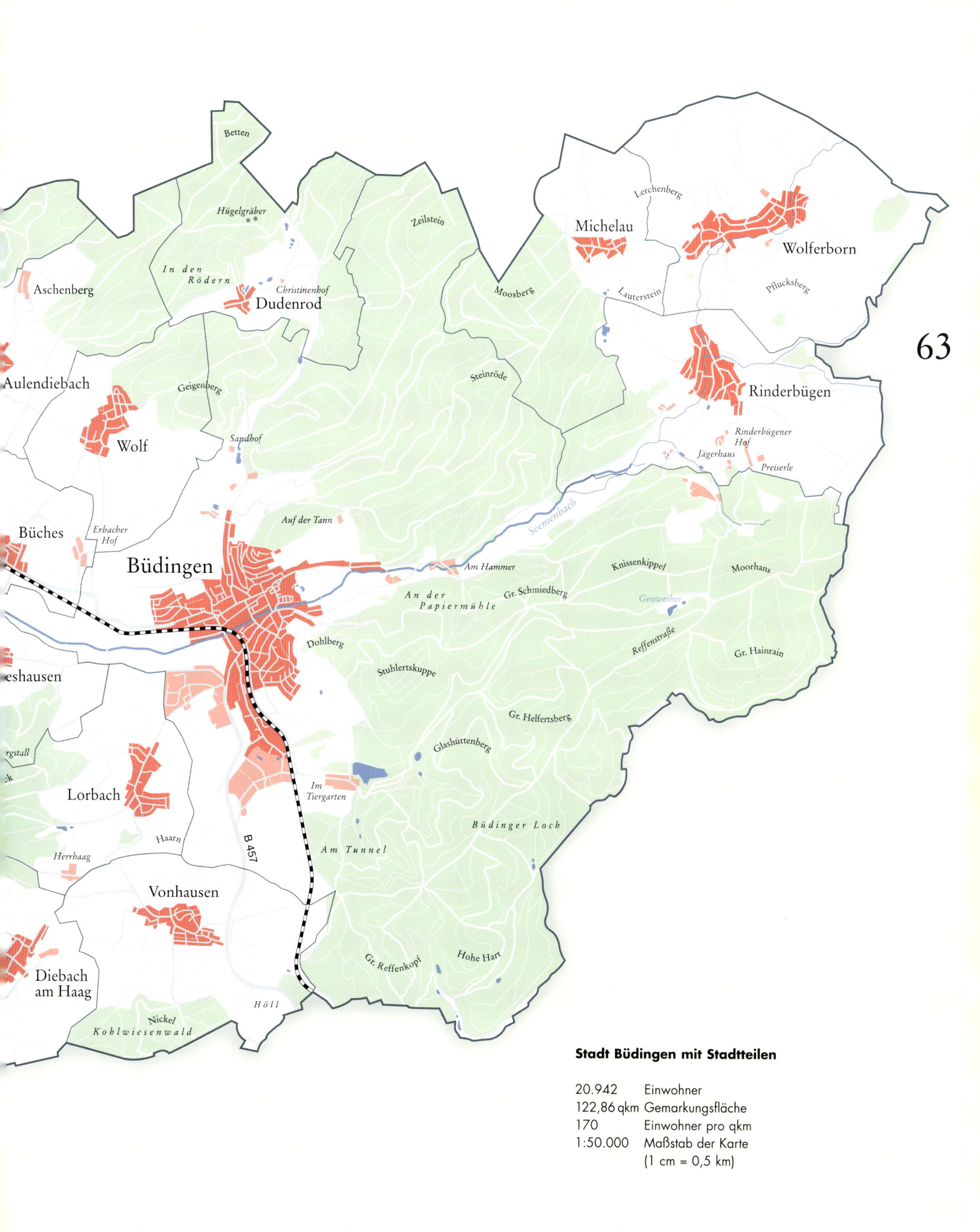

20.942	Einwohner
122,86 qkm	Gemarkungsfläche
170	Einwohner pro qkm
1:50.000	Maßstab der Karte (1 cm = 0,5 km)

Ritterfigur und um die Brunnenschale herum das adlige Selbstbewußtsein dieses Burgregimentes.

Das Kaichener Freigericht

Im Freigericht Kaichen gelangten die Friedberger Ritter zu einem eigenen Territorium, als sie sich mit Hilfe Kaiser Friedrichs III. vom Beschützer des Freigerichts zu dessen Inhaber aufschwingen konnten, denen die Gerichtsgenossen huldigen mußten. Der Freistuhl am südlichen Ortsrand von Kaichen ist ein eindrucksvolles Kulturdenkmal einstiger politischer und rechtlicher Selbständigkeit der vormals reichsunmittelbaren Gerichtsgenossen. Die hufeisenförmige Steinbank um den Gerichtstisch unter der Linde war der Treffpunkt für das Gedinge, das sich am Mittwoch nach Pfingsten traf. Jeder Grundbesitzer war bei Strafe verpflichtet teilzunehmen, das Sagen hatten aber nur die gewählten Dorfgrefen, die unter dem Vorsitz des Obergrefen verhandelten. Und wieder hatten die mächtigen Nachbarn, die Grafen von Hanau oder die Eppsteiner als Erben der Münzenberger keinen Einfluß auf diese Form der „demokratischen" Selbstverwaltung. Aus dem heutigen Wetteraukreis gehörten die Ortschaften Altenstadt, Burggräfenrode, Groß-Karben, Höchst, Ilbenstadt, Kaichen, Klein-Karben, Kloppenheim, Oberau, Okarben, Rendel, Rodenbach und Rommelhausen zum Kaichener Freigericht. Als Zeichen der Friedberger Herrschaft über den Ort dominiert ein schönes Fachwerkhaus, das Friedberger Amtshaus, die platzartig erweiterte Brunnengasse im Ortskern. Über der Längsseite erhebt sich ein Dreiecksgiebel mit dem Burg Friedberger Doppeladler.

64-1 Fachwerkhäuser in der Bergstraße in Büches
64-2 Dorfstraße in Dudenrod
64-3 Der Kirchplatz in Düdelsheim. Das rechte Haus trägt eine kleine Tonfigur als Dachreiter.
64-4 Straßenszene in Eckartshausen
65-1 Das Rathaus in Aulendiebach stammt aus dem Jahr 1742.
65-2 Hofreite in Calbach
65-3 Herrenhaag. Der unverputzte Barockbau war von 1747 bis 53 das Wohnhaus des Grafen Zinzendorf, die Lichtenburg der Brüdergemeine. Links das Haus der ledigen Schwestern
65-4 Das Wahrzeichen Büdingens, das Jerusalemtor, ist Teil der gut erhaltenen Befestigungsanlage der Stadt.

65-2

65-3

65

Die Raubritter und ihre Fehden

Die nachstaufische kaiserlose Zeit förderte aber nicht nur die politische Selbständigkeit des Kleinadels, sie führte auch vielfach zu seinem sozialen Abstieg, so daß sich manche darauf verlegten, ihr adliges Waffenmonopol einzusetzen, um reisende Kaufleute auf dem Weg zur Frankfurter Messe zu behelligen. Die vielen kaiserlichen Landfriedensbemühungen waren ein wenig taugliches Instrument dagegen. Vor allem Ritter Bechtram von Vilbel erlangte bei diesem Geschäft einige Berühmtheit. Die an der Nidda gelegene Vilbeler Wasserburg war ursprünglich Sitz eines Ministerialen, eines Waldhüters, am Nordrand des Reichsforstes Dreieich. Walther von Vilbel wird 1128 als „ministerialis regni" genannt. Der Niddaübergang der Handelsstraße von Frankfurt nach Friedberg verlieh dieser Burg zusätzliche Bedeutung. Bechtram hatte das Wildhütergehöft zu einer stattlichen Wasserburg ausgebaut und von hier aus seine Überfälle und Raubzüge gestartet. 1399 wurde sie aber von der Stadt Frankfurt im Verein mit dem um Ruhe und Ordnung in der Wetterau bemühten Reichslandvogt, dem Grafen von Hanau, und den Falkensteinern zerstört. Bechtram söhnte sich allerdings mit den Frankfurtern aus und brachte es sogar zu deren Stadthauptmann. Als er aber rückfällig wurde, schützte ihn dieser Titel nicht vor der Hinrichtung. Die Burg wurde schließlich noch einmal von französischen Revolutionstruppen 1796 zerstört, die Ruine dient heute den Bad Vilbeler Festspielen als stimmungsvolle und gut besuchte Spielstätte. Auch der sog. Sternerkrieg führte in der Wetterau zu Unruhe und Verwüstung. Der Graf von Ziegenhain hatte gegen die erstarkende Hessische Landgrafschaft einen Adelsbund geschmiedet, der sich nach dem Stern im Ziegenhainer Wappen „Sterner" nannte.

66-1 Das Hofgut in Lorbach ist in Sandstein gemauert, einem für das Büdinger Land typischen Baustoff.
66-2 Der stilvolle Renaissancebau des Oberhofs in Büdingen wurde 1570 als Witwensitz für Gräfin Barbara errichtet.
67-1 Die alte Schule in Michelau
67-2 Die alte Schule in Orleshausen ist ein stilechtes Fachwerkhaus.
67-3 Szene am Seemenbach bei Rinderbügen

67-1 67-2 67-3

67

Die Ortsbefestigungen

In diesen Zeiten der adligen Fehden und Kriege hatten vor allem die Bewohner ländlicher Gebiete zu leiden, die sich nicht hinter einer schützenden Stadtmauer bergen konnten. Daher stammen aus dem 14. Jahrhundert die Bemühungen auch der Ortschaften, sich mit einem Gebück, einer undurchdringlichen Hecke, mit Wällen, Gräben, Schlägen und Toren gegen den bewaffneten Adel zu schützen. Die Straßennamen Haingraben, Haagstraße, Wallgasse erinnern in den heutigen Ortschaften noch an diese Verteidigungsbemühungen. In Wölfersheim weist der Rundturm mit einem vorkragenden umlaufenden Wehrgang und einem kegelförmigen Steinhelm auf eine städtische Befestigung hin, aber die Siedlung nahe der alten Handelsstraße Friedberg - Hungen - Grünberg, der kurzen Hessen, hat keine städtische Entwicklung durchgemacht, war aber wie Assenheim und Butzbach eine Falkensteiner Stadtgründung. Am quadratischen Schalenturm im Westen ist auch noch ein Stück der Stadtmauer sichtbar. An ihm läßt sich verdeutlichen, daß mauerverstärkende Wehrtürme oft nicht vollkommen ausgebaut werden mußten und ihre Verteidigungsfunktion auch als nach innen offene Schale erfüllen konnten. Auch der Glockenturm auf der Rückseite der Kirche ist ein ehemaliger Turm der Stadtbefestigung. Auch Staden war einmal eine Stadt, Reste von Mauern und Türmen sind in manchen Hofreiten noch vorhanden. Reichelsheim, eine nassauische Exklave in der Wetterau, erhielt aus diesem Grund eine Stadtbefestigung mit Mauer, Graben, Wehrtürmen und Torbauten. In der Unteren Haingasse steht ein runder Stadtturm und daneben ein Stadttor mit schönem Spitzbogen, ähnliche Türme sind auf den Grundstücken Neugasse 15 und Turmgasse 14 erhalten. Auch der Hexenturm in Lindheim sowie der dortige Kirchturm sind Reste der ehemaligen

68-1 Der stimmungsvolle Aufgang zur Kirche in Rohrbach, einer der seltenen klassizistischen Dorfkirchen aus den Jahren 1820-22
68-2 Blick über die Vorburg auf den Bergfried des Büdinger Schlosses mit typischem Butterfaßaufsatz
68-3 Das Steinerne Haus aus der Zeit um 1500 mit Staffelgiebel und malerischem Erker ist das spätgotische Wohnhaus eines Prinzen des Hauses Isenburg.
69-1 Ein frisch restauriertes Fachwerkhaus in Vonhausen
69-2 Blick auf die romanische Dorfkirche in Wolf mit barockem Haubendachreiter
69-3 Der wuchtige Wehrkirchturm mit Schießscharten in Wolferborn erhielt seinen Turmhelm im 19. Jh.
69-4 Inneres Burgtor in Büdingen mit Blick in die Toreinfahrt. Charakteristisch sind die schönen Renaissanceerker.
69-5 Typische Fachwerkhäuser in der Büdinger Neustadt
69-6 Die Marienkirche mit gotischem Chor und seitlichem Turm mit mehrfach geschweiftem Haubenhelm. Seitlich wurde 1602 die Hohe Schule angebaut.
69-7 Blick auf die Außenfassade der Büdinger Kernburg, die den Innenhof kreisförmig umschließt.

69

69-2

69-3

69-5

69-7

Befestigung der Ganerbensiedlung. Schließlich ist im Hofgut Wickstadt des Klosters Arnsburg ein sehr schöner Torturm erhalten, ein mittelalterlicher wehrhafter Speicherbau mit massivem Untergeschoß und Fachwerkobergeschoß. Viele Orte hatten ihre Befestigungsanlagen, in Petterweil weist der Verlauf der Haingasse im Südwesten des Ortskernes noch sehr deutlich auf den Verlauf von Wall und Mauer hin, ebenso wie in Rodheim die Grabengasse. Am Ostrand des Dortelweiler Ortskerns ist der Mauerverlauf noch gut erhalten, ebenso im Süden von Assenheim.

Die Münzenberger Erben

König Rudolf von Habsburg bemühte sich zwar redlich, Friede und Recht im Reich nach den Wirren des sog. Interregnums wieder herzustellen, aber dem fehdelustigen Adel war schwer beizukommen. Immerhin erhielt Reinhard von Hanau den Titel eines Reichslandvogtes für die Wetterau, um das durch den Wegfall der staufischen Kaisermacht und dem parallel dazu sich ereignenden Aussterben der Münzenberger entstandene Vakuum als Machtgarant auszufüllen. Reinhard war als Miterbe der Münzenberger allerdings selbst in die Wetterauer Interessenkonflikte verstrickt. Da seine Frau Adelheid als Münzenbergerin unfreier Herkunft war, erreichte Reinhard bei Rudolf von Habsburg eine Standeserhöhung der ehemaligen Ministerialentochter, so daß das Münzenberger Erbe zusammen mit dem Hanauer Besitz rechtlich gleichwertig wurde. Die mächtigen Kontrahenden der Hanauer, denen lediglich ein Sechstel des Erbes zufiel, waren die Falkensteiner mit fünf Sechsteln. Diese bauten auf der Burg Münzenberg folgerichtig einen neuen Palas, den Falkensteiner Bau am Nordrand des Burghofes, der der Stadt zugewandten Seite, und errichteten den Westturm,

71

einen zweiten Bergfried, der die Burg Münzenberg im Volksmund zum Wetterauer Tintenfaß machte. Der Palas ist aus schwarzem Säulenbasalt gebaut. Seine hohen Mauern verbreiten eine düstere Stimmung im Gegensatz zu dem staufischen Palas an der Südseite mit seinem romanischen Bauschmuck aus gelbem Sandstein. Den Saal schmücken spitzbogige gotische Fensterarkaden. Der Kamin an der westlichen Giebelwand umschließt mehrere Feuerstellen aus den einzelnen Etagen, was auf einen höheren Wohnkomfort Ende des 13. Jahrhunderts schließen läßt. Bereits mit der Burg war auf deren Südseite eine städtische Burgmannensiedlung entstanden, von der es heute noch den Hattsteiner Hof gibt, ein barockes Herrenhaus mit Mansarddach und Dreiecksgiebel neben einem älteren Gebäude mit rundem Treppenturm, und die Altstädter Pforte. Nördlich der Burg entstand um die Pfarrkirche die Neustadt, die heute zu den schönsten und geschlossensten Ortsbildern in der Wetterau zählt. Besonders am Steinweg bildet der regelmäßige Wechsel von Fachwerkgiebeln und überdachten Toren vom Hüttenberger Typ eine harmonische Straßenbebauung. 1304 erhielt der Ort von seinen Falkensteiner Stadtherren Frankfurter Stadtrechte, aber Butzbach machte in Zukunft als Falkensteiner Stadt eher Fortschritte als Münzenberg. Lediglich das erhaltene Spital und die Spitalkirche weisen auf typisch städtische Dienstleistungen hin. Ein besonderes Schmuckstück ist das Rathaus aus dem Jahre 1551. Ein Massivbau mit getreppten Giebeln zeigt zum Marktplatz hin eine Fachwerkfassade, deren reicher Erker von vier hölzernen Bügen getragen wird. Der Münzenberger Kirchturm mit seinem eigenartig verzogenen Spitzhelm gehört zu den Wahrzeichen der Wetterau. Drei ganz besondere Kleindenkmäler seien noch erwähnt. Einmal der mittelalterliche Galgen südwestlich des Ortes, dann die Korbruhen, eine davon an der

70-1 Malerische Szene am Mühltor. Der Haubendachreiter im Hintergrund schmückt die ehemalige lutherische Kirche, später Amtsgericht.
72-1 Ronneburg. Der überdachte Wehrgang führt zur Bastion.
72-2 Der Bergfried der Ronneburg aus dem 13.Jh. gehört zu den ältesten Teilen der Burg. Der Aufbau mit vier Erkern und einer Steinkuppel stammt aus dem 16. Jh.
72-3 Der Zugang zur Kernburg mit Brücke, zweitem Tor und Wehrmauer des Zwingers
73-1 Blick über das innere Torhaus auf den Bergfried
73-2 Blick von der Ronneburg
73-3 Blick über den Burghof auf den Palas mit Treppenturm. Im Obergeschoß das Chörlein, ein Kapellenerker
73-4 Blick vom Bergfried auf den Palas

72-1

72-2

72-3

73-2

73-3

73

Straße nach Rockenberg, auf denen die Bauern ihre Traglasten absetzen konnten, und besonders kurios die Verbotsmale, auf denen an der Grenze des Grundstückes der Herren von Hattstein das Betreten und Befahren des Anwesens verboten wurde unter Nennung eines langen Bußgeldkatalogs. Sie stehen an einem Feldweg nach Ober-Hörgern.

Wie wenig der Wetterauer Landvogt als friedensstiftende Kraft bewirken konnte, beweist, daß 1328 unter der Obhut des Erzbischofs von Trier ein Landfriedensbund für die Wetterau geschlossen wurde, dem auch die Stadt Friedberg beitrat, um den Ritterfehden Einhalt zu gebieten. Vergeblich, wie ein wenige Jahre später geschriebenes Rechtslehrbuch, der sog. „Frankenspiegel", beweist, in dem unter anachronistischem Rückgriff auf Karl den Großen als unwidersprochener Autorität die Unrechtszustände in der Wetterau verbessert werden sollten. Schließlich griff König Ruprecht von der Pfalz persönlich ein, um die Raubnester Höchst an der Nidder, Lindheim und Karben in einer Strafexpedition zu befrieden. Ein neuer Landfrieden für die Wetterau war die Folge.

Der Adolfsturm

Aber einer weiteren Fehde verdankt das wohl bekannteste Bauwerk der Wetterau seine Entstehung, der Adolfsturm in der Friedberger Burg. Ein Bergfried hat die Funktion, die schwächste Stelle einer Burg zu schützen. Folgerichtig stand der Bergfried der Friedberger Burg am Südende zum Schutz des Burgtores gegen die Stadt hin. Der Nordhang des Burgberges hatte wegen des steilen Geländes und des sumpfigen Vorlandes an Usa und Seebach keinen besonderen Schutz nötig. Im Zuge der anhaltenden auch gewaltsamen Auseinandersetzungen mit der Stadt öffnete die Burg ihren Mauerring nach Norden und baute einen durch mehrere

74-1 Vor der Ronneburg ist eine Steinwurfmaschine in Stellung gebracht.
74-2 Blick von Süden auf die Ronneburg
75-1 Renaissanceerker am Zinzendorfbau. Die Ronneburg bot 1736 der pietistischen Brüdergemeine Zuflucht.
75-2 Das mittlere Burgtor
75-3 Der Hofsaal im Palas

75-1

75-2

75

75-3

Tore geschützten Nordzugang. Um diesen zusätzlich zu bewehren, war ein neuer Bergfried nötig. Als es den Burgmannen gelang, in einer Fehde am Alzenköppel bei Schwalheim den Grafen Adolf von Nassau-Wiesbaden gefangen zu nehmen, benutzten sie ihn als Geisel und erpreßten von der Familie ein Lösegeld, das zum Bau des Turmes verwandt wurde. Der Name des Sponsors erinnert heute noch an diese Gewalttat.

Die Falkensteiner Erben

Mit dem Aussterben der Falkensteiner 1418 wurde ihr großer Anteil am Münzenberger Erbe abermals aufgeteilt. Das prachtvolle Grabmal in der Butzbacher Stiftskirche erinnert an den letzten Herrscher der Familie in der Wetterau, Philipp VII., der 1410 starb. Nach dem Tod von Erzbischof Werner v. Trier aus dem Hause Falkenstein trat dann der Erbfall ein, und die Herren von Eppstein sowie die Grafen von Solms traten als Erben in der Wetterau in Erscheinung, die Eppsteiner in Butzbach, die Solmser in Assenheim. Als sich diese Grafen zusammen mit den Nassauern, Ysenburgern, Hanauern und anderen 1422 zu einer Landfriedenseinigung, dem Wetterauer Grafenverein, zusammenschlossen, wurde deutlich, daß die Zeit, als Ritter- und Städtebünde den Anspruch erheben konnten, als politische Friedensgaranten aufzutreten, nun endgültig vorbei war. Die Grafen erreichten Ende des 15. Jahrhunderts als „Wetterauer Grafenbank" sogar die Teilnahme an den Reichstagen, was als eine deutliche Aufwertung ihrer Standesvertretung gelten kann. Nur die Burg Friedberg konnte sich daneben als Interessenvertretung der Ritter weiterhin behaupten. Im Burggrafen hatte der Mittelrheinische Kanton der Reichsritterschaft sein Oberhaupt. Seinen Sitz hatte er in der Faktorei des Deutschen Ritterordens in der Friedberger Burg.

Der heutige Neubau aus dem frühen 18. Jahrhundert wurde unter Damian Hugo von Schönborn errichtet. Der Eingang wird über eine zweiläufige Freitreppe erreicht, der Aufbau des Barockportals erstreckt sich über zwei Etagen und zeugt von ritterlichem Selbstbewußtsein. 1492 gründeten die ritterschaftlichen Vereinigungen der Burg Friedberg, der Ganerbschaften Staden und Lindheim und andere Gruppen einen Wetterauischen Schutzbund zur Wahrung ihrer Interessen. Das politische Ziel sowohl der Ritter als auch der Grafen war die Abwehr der erstarkenden Territorialstaaten. Genossenschaftliche Organisationen standen also in der Wetterau seit dem Ende der Stauferzeit gegen die größeren Territorien, vor allem gegen das Erzbistum Mainz und die Hessische Landgrafschaft. Sie hatte in Landgraf Philipp dem Großmütigen einen machtvollen Vertreter sowohl bei der Niederschlagung des Ritteraufstandes der Sickingenschen Fehde als auch im Bauernkrieg.

Bevor die Auswirkungen der Reformation auf unsere Region betrachtet werden, soll zunächst das kirchliche Leben in der Wetterau während des Mittelalters vorgestellt werden. Von den karolingischen Kirchen auf dem Johannisberg bei Bad Nauheim und in Büdingen Großendorf war bereits die Rede. Von diesen großen Kirchsprengeln breitete sich die Kirchenorganisation in alle Dörfer aus. Aber die Wetterau als reiches Agrarland wurde auch zum Betätigungsfeld der Mönchsorden und anderer geistlicher Einrichtungen wie der Ritterorden.

Die Prämonstratenserstiftskirche in Ilbenstadt

Der eindrucksvollste mittelalterliche Kirchenbau in der Wetterau ist zweifellos die Prämonstratenserstiftskirche in Ilbenstadt. Ihre klassischen romanischen Türme prägen das Landschaftsbild im

Butzbach

Butzbach
Bodenrod
Ebersgöns
Fauerbach v. d. H.
Griedel
Hausen-Oes
Hoch-Weisel
Kirch-Göns
Maibach
Münster
Nieder-Weisel
Ostheim
Pohl-Göns
Wiesental

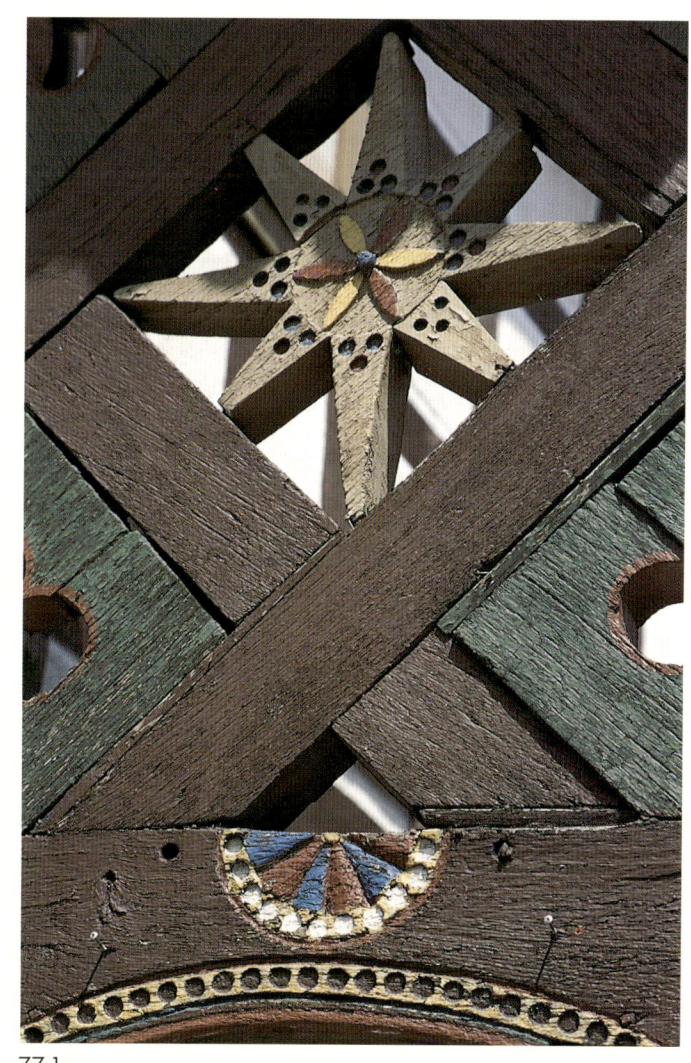

Niddatal. Die beiden Grafen Gottfried und Otto von Kappenberg, einer reichen niederrheinischen Adelsfamilie entstammend, stifteten 1123 ein Prämonstratenserkloster, eines der ersten überhaupt. Ihren in der Wetterau ererbten Besitz überführten sie in eine Stiftung dieses Ordens, dessen Gründer Norbert von Xanten in enger Beziehung zu ihnen stand. Erst zwei Jahre vorher hatte dieser in Prémontre das Urkloster dieses Ordens gegründet, das ihm auch den Namen gab. Mit Ilbenstadt steht also die Wetterau an der Spitze dieser Ordensgeschichte. Von Frankreich müssen auch die ersten Chorherren nach Ilbenstadt gekommen sein. Vier Jahre nach der Ilbenstädter Gründung starb einer der beiden Stifter, Graf Gottfried. Seine Grablege aus dem 13. Jahrhundert ist in der Kirche erhalten. Mit ihrem Bau wurde bald nach 1123 begonnen, und knapp 30 Jahre später konnte sie schon geweiht werden. Der eindrucksvolle hochromanische Bau ist also aus einem Guß. Entsprechend den Reformregeln der Prämonstratenser hat die dreischiffige Basilika einen geraden Chorabschluß und weist somit einen kreuzförmigen Grundriß auf, der allerdings durch zwei schmuckvolle Seitenapsiden gestört ist. Das Vierungsquadrat beherrscht die Raumeinteilung, und der Gesamtkonzeption liegt ein harmonisches Proportionsgesetz zugrunde. Die Länge der Kirche beträgt danach genau das Doppelte der Querhauslänge, die Langhausbreite ist ein Drittel seiner Länge, die Seitenschiffe sind genau halb so breit wie das Mittelschiff, und dieses wiederum ist doppelt so hoch wie breit. Schließlich umfassen Breite und Höhe des Langhauses genau ein gleichseitiges Dreieck. Diese klaren mathematischen Regeln sind es, die die einmalige Harmonie des Ilbenstädter Raumes ausmachen. Diese überträgt sich bei längerem Verweilen auf den Besucher, auch wenn er sich diese Gesetzmäßigkeit nicht vergegenwärtigt.

77-1 Für die Gegend nordwestlich von Butzbach sind die Hüttenberger Hoftore kennzeichnend, hier ein Detail aus Pohl-Göns.
78-1 Häuserzeile in der Untergasse in Bodenrod
78-2 Fachwerkhaus in Ebersgöns

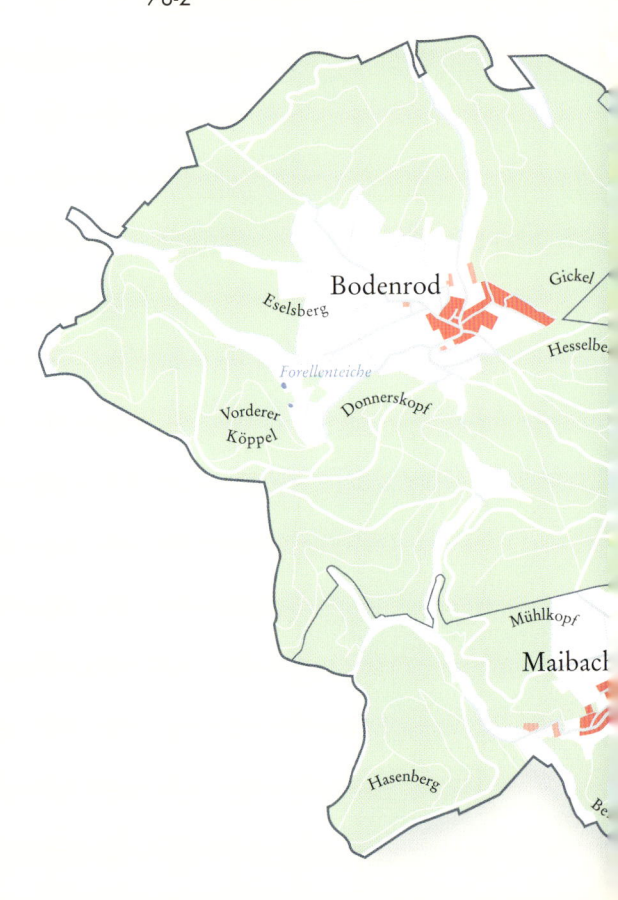

Stadt Butzbach mit Stadtteilen

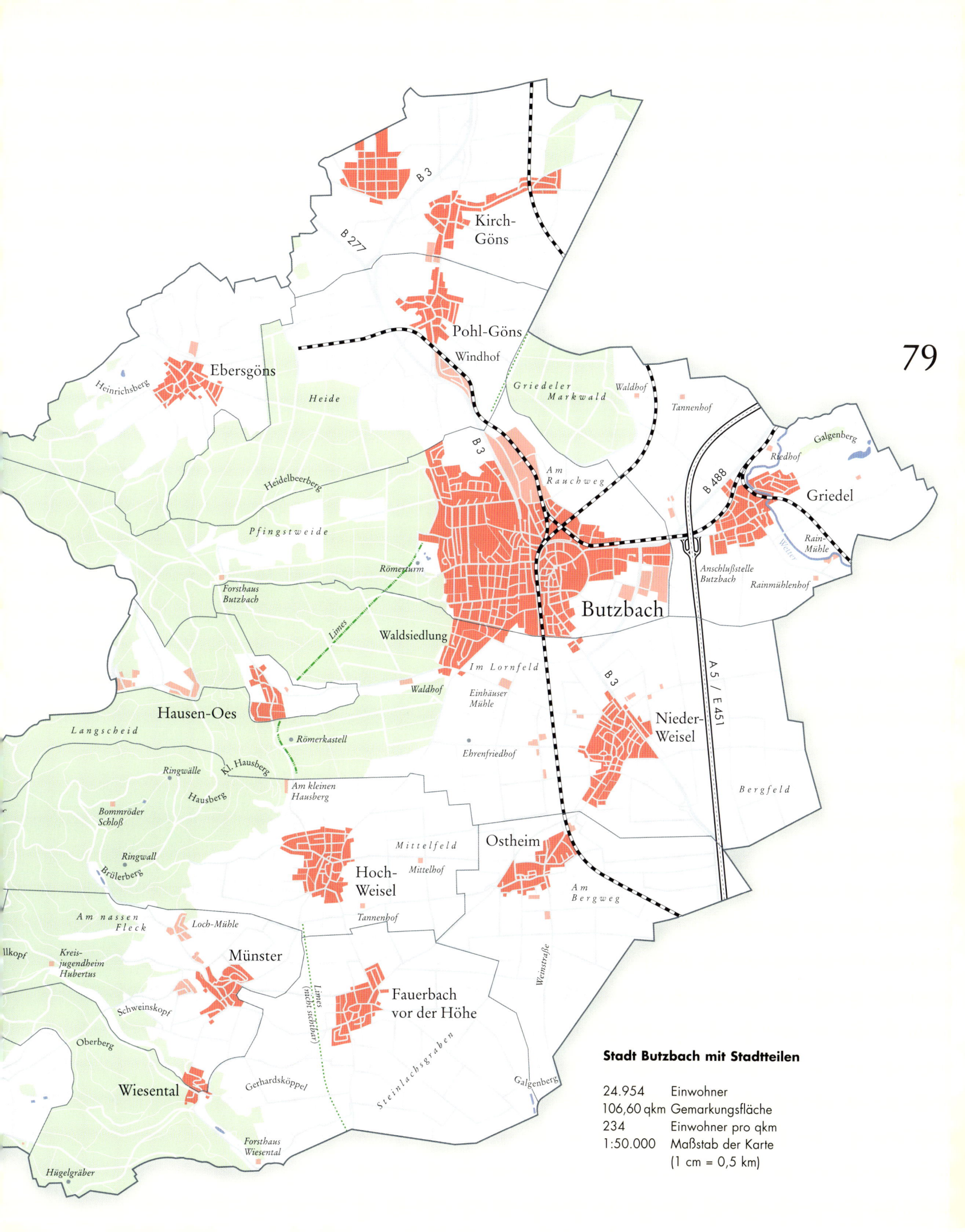

24.954	Einwohner
106,60 qkm	Gemarkungsfläche
234	Einwohner pro qkm
1:50.000	Maßstab der Karte (1 cm = 0,5 km)

Auch die sehr kunstvoll, obwohl unregelmäßig gegliederte Wand trägt zu diesem Eindruck bei. Die Langhausstützen bestehen auf der Südseite aus quadratischen Pfeilern mit vier vorgelegten Halbsäulen, auf der Nordseite sorgt ein Stützenwechsel für eine Variation: quadratische Pfeiler und runde Säulen wechseln einander ab, beide haben aber bis auf eine Ausnahme die gleiche Halbsäulenvorlage. Diese Vorlagen führen zu einer kunstvollen Abtreppung der romanischen Bögen zu den Seitenschiffen hin. Eine derartig vielfältige Wandgliederung gibt es zu dieser Zeit nur noch im Dom zu Speyer. Sie ist auf den französischen Baueinfluß beider Kirchen zurückzuführen. Über den Arkaden faßt ein Horizontalgesims die Unruhe der unteren Gliederung wieder zusammen. Die unter diesem Gesims über die Säulen gestellten Heiligenfiguren sind spätere Zutaten aus der Barockzeit. Mittelalterlichen Bauschmuck zeigen lediglich die Vierung und der Chor, besonders reich und schön aber die Vorhalle zwischen den beiden Westtürmen. Löwen und Centauren sind von einzigartiger Qualität und weisen die Bauhütte wiederum als weitgereist aus, diesmal aus Oberitalien. Die Kapitelle der Wandsäulen in der Vorhalle und vor allem die am Stufenportal zur Kirche zeigen reichen korinthischen Schmuck und eine Vogelfigur. Ein Nordportal ist noch reicher getreppt als das Hauptportal. Die großartige Wirkung des Westportals wird von den beiden in seltener Harmonie gestalteten romanischen Türmen, die sich in fünf Geschossen erheben, noch übertroffen. Lisenen wachsen nach oben, stützen feine Bogenfriese und darüber gliedern zwei Geschosse von Schallarkaden die Türme. Unter dem Dach zieht sich ein Schachbrettfries hin. Die Einwölbung der Kirche stammt nicht aus der Erbauungszeit, wurde aber bei allen Restaurationen belassen. Die Ilbenstädter Klosterkirche ist ein bedeutendes Zeugnis romanischer Kirchenarchitektur

80-1 Hüttenberger Hoftor in Griedel umfunktioniert, im Hintergrund der runde Wehrkirchturm
80-2 Blick auf die Kirche in Hausen. Von dem linken First grüßt ein Dachreiter.
80-3 Das Hüttenberger Hoftor in Fauerbach ist modern nachempfunden.
81-1 Beispiel eines echten Hüttenberger Hoftores in Hoch-Weisel
81-2 Blick auf Maibach. Wegen der schönen Taunuslandschaft spricht man auch von der Maibacher Schweiz.
81-3 Blick über Münster und die Wetterau zum Vogelsberg
81-4 Die St. Wendelinkapelle in Butzbach war im Mittelalter die Kapelle des Krankenhospitals vor den Toren der Stadt.
81-5 Blick vom Turm der Markuskirche auf das Weidighaus, das Rektoratsgebäude der Lateinschule. 1824-26 war Friedrich-Ludwig Weidig hier ansässig.
81-6 Die Michaeliskapelle diente im Mittelalter als Beinhaus, im Obergeschoß befand sich ein Andachtsraum. Nach der Reformation wurde die Kapelle als Mehlwaage zweckentfremdet. Das angrenzende Fachwerkhaus ist das Mehlwiegehäuschen.
81-7 Schwibbogenhäuser, schmale Wohnräume unter den Bögen der Stadtmauer
81-8 Jupitersäule vor dem Museum der Stadt Butzbach im ehemaligen Solms-Braunfelser Hof
81-9 Das ehemalige Solms'sche Schloß mit einem Turm der Stadtmauer

81-1

81-2

81-3

81

81-4

81-5

81-6

81-7

81-8

81-9

in Hessen. Die Tätigkeit der französischen und italienischen Bauhütten weist auf den Reichtum und die politischen Verbindungen der Stifter hin, die sich mit den Münzenbergern und dem Profanbau ihrer Burg eine Generation später vergleichen lassen. Das Kloster Ilbenstadt und ein nahegelegenes Nonnenkloster bestanden ununterbrochen bis zur Säkularisation im Jahre 1803. Nach dem Dreißigjährigen Krieg erlebte das Kloster eine Aufwertung, indem es zur Abtei erhoben wurde. Aus dieser Zeit des Barock stammt das sehr schöne Gebäude des Oberen Tores, der sogenannte Gottfriedsbogen, ein Juwel der Barockarchitektur in der Wetterau. Die Gesimse zwischen den Geschossen betonen stark die Vertikale. Aber der Bau wird durch die hohe Tordurchfahrt, durch aufwärtsstrebende Lisenen, Säulen mit reichem Kapitellschmuck, einen vasenbekrönten Halbrundbogen über dem Mittelrisalit und die hohen Fenster nach oben gestreckt, so daß das Gebäude ausgesprochen harmonisch wirkt. Der vielfältige Bauschmuck überlastet nicht, er belebt. Im Obergeschoß befindet sich ein Festsaal. Im Ort Ilbenstadt, der sich nördlich an den Klosterbezirk anlehnt, besaß das Kloster nur die Rechte an der alten Niddabrücke, die noch erhalten ist, obwohl die regulierte Nidda inzwischen weiter nördlich die Straße unterquert. Die Figur des Brückenheiligen St. Nepomuk ziert die Scheune des ehemaligen Ritterhofes am südlichen Brückenkopf. Die Bezeichnung Ritterhof deutet darauf hin, daß Ilbenstadt zum Territorium des Freigerichts Kaichen und somit zur Burg Friedberg gehörte. Die Pfortenbauten des Klosterbezirkes zum Ort hin und die Klostermauer sind noch erhalten und kennzeichnen das Kloster auch als eigenen Rechtsbezirk. An der südwestlichen Ecke der Klostermauer steht eine Mutter-Gottes-Kapelle. Vom Klostergarten aus gesehen erweckt sie aber eher den Anschein eines Gartenpavillons. Ein-

82-1 Das ehemalige Herrenhaus der Johanniterkommende in Nieder-Weisel
82-2 Der malerische Marktplatz in Butzbach. Das markante Fachwerkhaus rechts war das Gasthaus „Zum Goldenen Ritter" und Thurn- und Taxis'sche Poststation.
83-1 Das ehemalige Rathaus in Ostheim
83-2 Blick auf Wiesental, im Hintergrund der Steinkopfturm
83-3 Die Kirche in Kirch-Göns. Der romanische Turm hat nach allen vier Seiten gekuppelte Schallarkaden.
83-4 Die Kirche in Ostheim. Der Wehrkirchturm ist im Erdgeschoss quadratisch, dann achteckig und trägt vier Wichhäuschen zur Abwehr von Angriffen.
83-5 Fachwerhaus in der Wetzlarer Straße in Butzbach
83-6 Die Johanniterkirche in Nieder-Weisel gehört zu den ältesten romanischen Bauten in der Wetterau. Stilistisch ist sie mit der Klosterkirche in Ilbenstadt verwandt. Im Obergeschoß befand sich der Krankensaal.

1

83-2

83-3

83-4

83-5

83-6

83

schließlich des Wirtschaftshofes vermittelt das Klosterareal noch heute den Eindruck einer eigenen geschlossenen Welt. Von dem südwestlich entstandenen Prämonstratenserinnenkloster Nieder-Ilbenstadt ist nur noch der Wirtschaftshof der heutigen Staatsdomäne Nonnenhof erhalten.

Das Prämonstratenserkloster Konradsdorf

Das zweitälteste Wetterauer Kloster in Konradsdorf, ebenfalls eine Prämonstratensergründung, geht auf eine Stiftung Gerlachs I. von Büdingen um 1150 zurück. Die Gebäude stammen somit aus der zweiten Hälfte des 12. Jahrhunderts, wirken dafür aber altertümlich. Die Kirche war ursprünglich eine dreischiffige flachgedeckte Pfeilerbasilika ohne Querschiff, aber mit einer Halbrundapsis im Osten und früher einer Nonnenempore im Westen. Die Steinkonsolen für die Balkendecke sind noch sichtbar. Das nördliche Seitenschiff ist nicht mehr vorhanden, aber die vier Langhausarkaden mit quadratischen Pfeilern. Ein romanisches Stufenportal und Rundbogenfenster schmücken die Westseite. In der Ostwand befinden sich rechts und links oberhalb der Apsis kleine runde Fensteröffnungen, sogenannte Okuli. Mindestens ebenso eindrucksvoll wie der schlichte romanische Kirchenbau ist das Nonnenhaus, das bis vor kurzem noch als Scheune diente. Seine reiche Fassadengliederung erinnert eher an den staufischen Palas von Münzenberg als an eine Nonnenklausur. Vermutlich diente das Haus für Repräsentationsaufgaben der Äbtissin. Zum Hof zeigt das Obergeschoß eine Doppelarkade, zum Niddertal hin eine Viererarkade, innen mit steinernen Sitzbänken.

84-1 Das alte Pfarrhaus in Pohl-Göns ist heute eine schmucke Gastwirtschaft.
84-2 Die Brüstungstafel des Hauses Markt 3 in Butzbach zeigt das Familienwappen der Erbauer, gestützt von zwei Löwen.
85-1 Der römische Wachturm auf dem Schrenzer ist eine anschauliche Rekonstruktion. Dicht dabei sind im Wald längere Limesstrecken gut erhalten.
85-2 Die Markuskirche, eine spätgotische Hallenkirche, und die Michaeliskapelle, die als Beinhaus errichtet wurde.
85-3 Fachwerkhaus auf dem Kirchplatz in Butzbach. Es gehörte zum Kugelhaus. Die „Brüder des gemeinsamen Lebens" betreuten im 15.Jh. die Markuskirche.
85-4 Straßenzeile in Pohl-Göns
85-5 Altes Butzbacher Fachwerkhaus aus der Zeit um 1400
85-6 Blick vom Turm der Markuskirche auf den „Hexenturm" der ehemaligen Stadtbefestigung
85-7 Der wehrhafte Kirchturm in Nieder-Weisel hat die Wucht eines Bergfriedes und ist mit Ecklisenen und Rundbogenfriesen geschmückt. Die Achteckhaube ist eine Zugabe des 17.Jhs.

84-1

84-2

85

Das Zisterzienserkloster Arnsburg

Im Vergleich zu dem eher bescheidenen und inmitten eines landwirtschaftlichen Betriebes heute unglücklich gelegenen Konradsdorf hinterläßt der Besuch im dritten Wetterauer Kloster, der Zisterzienserabtei Arnsburg, einen unvergleichlich nachhaltigeren Eindruck. Das liegt vor allem am romantischen Charakter der Kirchenruine, auf deren mächtigen romanischen Mauern Bäume in den Himmel wachsen, welche die für Zisterziensergründungen typische Waldeinsamkeit heute noch auf eine ganz eigene Weise spürbar werden lassen. Am eindrucksvollsten ist der Blick durch das südliche Seitenschiff. Es wird noch von den romanischen Gurtbögen überspannt und läßt gleichzeitig den Blick in den Himmel frei. Birken und Kiefern auf den Mauern und Efeu an den Wänden machen die Ruine zu einem Naturdenkmal. Die Arnsburger Ministerialenfamilie, die unter Kuno von Hagen und Arnsburg zum mächtigsten Geschlecht in der Wetterau aufgestiegen war, stiftete 1151 das Benediktinerkloster Altenburg. Es stand auf einem Hügel westlich ihrer Burg auf den Resten des einstigen Römerkastells Altenburg. Siegburger Benediktiner begannen mit dem Kirchenbau, aber 1174 wurde dieser Gründungsversuch wieder aufgegeben. Kuno, der Sohn des Stifters Konrad, gewann dann den jungen Orden der Zisterzienser für einen zweiten Versuch. Der Konvent aus Eberbach im Rheingau schickte nach dem Vorbild Christi und seiner Jünger 13 Brüder, wie es Zisterzienserbrauch ist, für eine Filiale des Mutterklosters. Am 16. Juli 1174 übergab Kuno die neue Stiftung auf seiner Burg Münzenberg feierlich an Abt Gerhard von Eberbach. Zisterzienserklöster dürfen nach der Regel Bernhards von Clairveaux nur in abgelegenen Gegenden gegründet werden, um in hartem Ringen mit der Natur Land urbar zu machen und für landwirtschaftliche Produktion zu kultivieren. Diese Tätigkeit ist für den Reformorden der Zisterzienser typisch, der von seinen Mitgliedern ein entbehrungsreiches Leben und harte körperliche Arbeit verlangt. Die Leistungen in Ackerbau und Architektur sind aber nur möglich dank des Konversenprinzips. Die Zisterzienserbrüder nahmen in ihren Orden auch Laien auf, die zwar ebenfalls nach den Gelübden Gehorsam, Armut und Keuschheit lebten, aber keine Priester waren, sondern in gewerblichen Berufen erfahren. Das Kloster verfügte daher auch über eine Reihe von sehr effektiv wirtschaftenden landwirtschaftlichen Betrieben, teils ganz in der Nähe wie den Konhäuser Hof oder den Hof Güll, teilweise aber auch weiter entfernt wie den Pfaffenhof in Eberstadt oder den Hof Wickstadt bei Assenheim. Den geeigneten Platz für ihre Klostergründung fanden die Zisterzienser nicht auf der Altenburg, sondern unten im Tal an einer Schleife der Wetter, wo sie Wasser und auch die Möglichkeit eines Mühlenbetriebes hatten. Der Kirchenbau im Talkloster Arnsburg dauerte von 1197 bis zum Weihedatum 1246. Die hervorragende Qualität der Arnsburger Klosterarchitektur ist Beweis für die fachlichen Fähigkeiten der Baumeister, die dem Orden zur Verfügung standen. Die Kirche ist aus schwarzem Lungstein errichtet. Vor der Westfassade der streng kreuzförmigen dreischiffigen Pfeilerbasilika befindet sich ein Paradies, das heute noch als Gottesdienstraum genutzt wird. Vier Joche des Langhauses folgen dem romanischen gebundenen System, d. h. daß sie acht quadratischen Jochen in den Seitenschiffen entsprechen. Die Joche werden von mächtigen Hauptpfeilern getragen, während die Zwischenpfeiler für die Seitenschiffjoche entsprechend schlanker gestaltet sind. Der gewaltige Kirchenraum war im Innern durch eine Schranke geteilt, welche die Mönchskirche von der Laienkirche der Konversen trennte. Diese Unterscheidung läßt sich vom Kreuz-

Echzell

Echzell
Bingenheim
Bisses
Gettenau
Grund-Schwalheim

87-1

gang aus am Fensterschmuck des südlichen Seitenschiffs erkennen. Die Fenster für die Mönchskirche sind kreisrund, während die Laienkirche durch Rundbogenfenster belichtet wurde. Im Westen gegen das Paradies schiebt sich noch ein querrechteckiges Joch, was eindeutig gotischem Baudenken entspricht. Der Chor endet gerade und ist von einem Kapellenkranz umgeben, was ein typisches Kennzeichen für Zisterzienserkirchen bedeutet. Denn jeder Priestermönch mußte täglich eine Messe lesen, daher der große Bedarf an Altären, die in diesen Kapellen aufgestellt waren. Der Bau wurde im Osten rein romanisch begonnen, nach Westen hin werden die Jochbögen allmählich frühgotisch spitz geschlossen. Die Ansätze der Kreuzrippenwölbung für Chor, Vierung und Querhaus sind an den mächtigen Eckpfeilern zu sehen. Die tragenden Dienste steigen an den Vierungspfeilern vom Boden aus in die Höhe, bei den Langhausjochen wachsen die Konsolen für die Gewölberippen erst weiter oben aus den Wänden. Die Kargheit der Zisterzienserkirchen verbietet es, das Mauerwerk durch kunstvolle Dienste und Säulen zu gliedern. Die Pfeiler im Chor und in der Vierung tragen allerdings schönen Kapitellschmuck. Der gewaltige Schlußstein des Vierungsgewölbes liegt heute in der Mitte der Vierung auf dem Rasen und gibt einen Eindruck von der Mächtigkeit der Steine, die in den rund 20 Meter hohen Gewölben vermauert waren. An das nördliche Seitenschiff schließt sich das Fundament der Allerheiligenkapelle an, die in zwei Räume unterteilt war und von unterschiedlichen Stiftern herrührt, die hier auch beigesetzt sind. Das ausdrucksstark in Sandstein modellierte und mit Wappen verzierte Doppelgrab von Johann von Linden und seiner Frau Guda von Bellersheim steht heute im benachbarten nördlichen Seitenschiff, um es vor weiterer Verwitterung zu schützen, während der schlichte Lungstein-

87-1 Die Kirche in Echzell weist eine ununterbrochene Bautradition seit der Römerzeit auf. Ihr spitzer Helm bildet eine Landmarke in der Wetterau.
88-1 Die Wasserburg in Bingenheim, Blick über den Graben auf den Langen Bau
88-2 Zur Osterzeit ist der Brunnen auf der Echzeller Dorfstraße festlich geschmückt.
88-3 Die Vorburg der Bingenheimer Wasserburg mit den runden Ecktürmen und den Gebäuden der sozialpädagogischen Einrichtung
89-1 Fachwerkhaus in Bisses
89-2 Der Chor der Kirche in Gettenau
89-3 Der Wohnturm der Wasserburg in Bingenheim aus dem 15.Jh.
89-4 Das Alte Rathaus in Echzell hatte schon viele Funktionen: Beinhaus, Fruchtspeicher, Lateinschule

89-2  89-3

89

Gemeinde Echzell mit Ortsteilen

6.020	Einwohner
37,61 qkm	Gemarkungsfläche
160	Einwohner pro qkm
1:50.000	Maßstab der Karte
	(1 cm = 0,5 km)

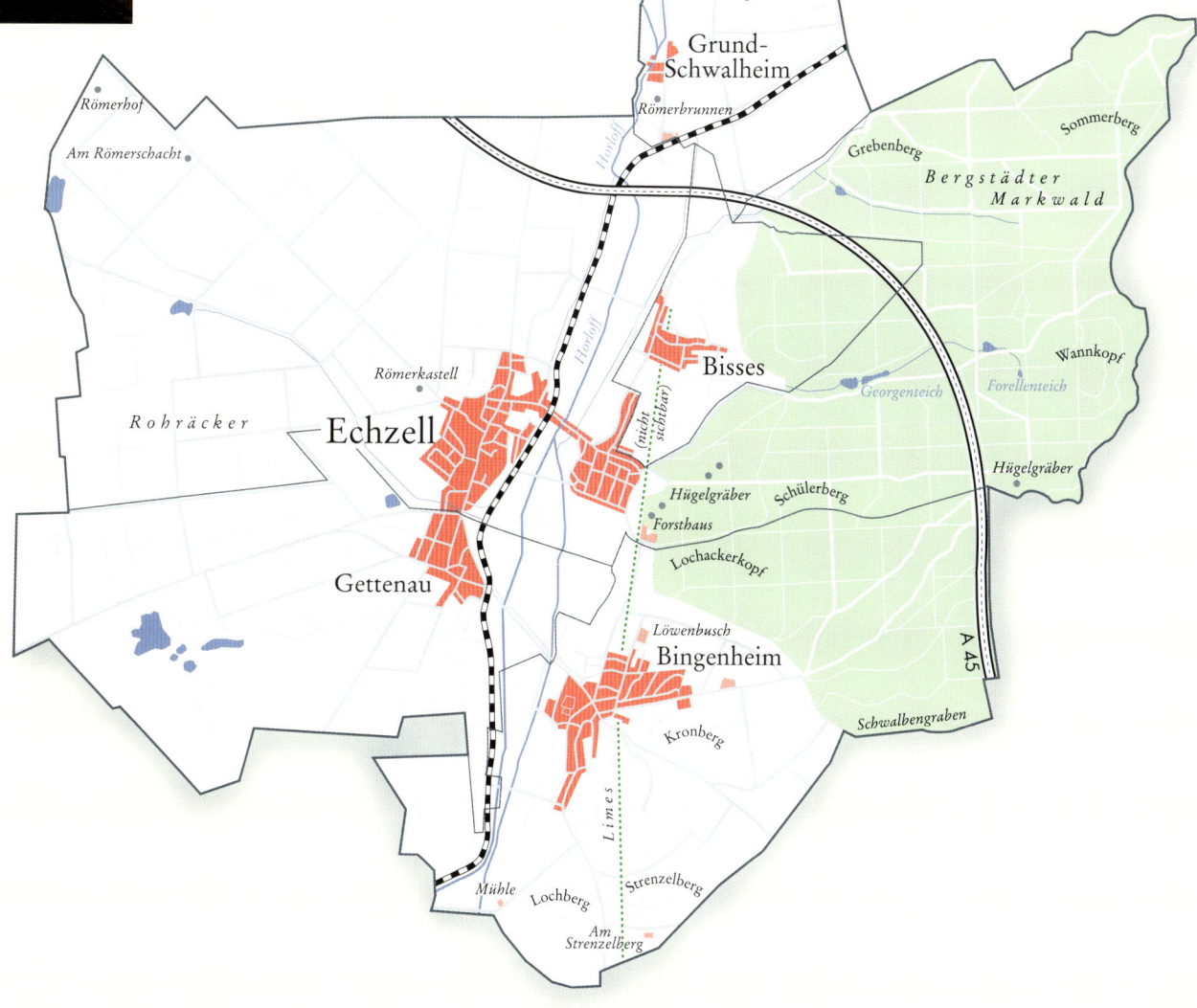

sarkophag von Bischof Konrad Rule aus Friedberg in der einstigen Allerheiligenkapelle steht. Der Sohn einer Friedberger Ratsherrenfamilie ging in die Arnsburger Klosterschule und machte als Kleriker in der Kanzlei Kaiser Karls IV. Karriere, bis er schließlich Bischof in Verden an der Aller wurde. In seinem in Prag verfertigten Testament verfügte er seine Beisetzung im Kloster Arnsburg.

Südlich an die Klosterkirche lehnt sich der Kreuzgang an, um die Sonnenwärme aufzufangen und den Mönchen im weitgehend ungeheizten Kloster auch im Winter etwas Schutz vor der Kälte zu bieten. Erhalten sind nur die Fundamente. Eine herausragende Bedeutung kommt dem Brunnenhaus zu. Vor dem Gang in die Kirche und vor den Mahlzeiten konnten sich die Mönche hier vom Schmutz der Arbeit reinigen. Im Kreuzgang haben seit den sechziger Jahren Kriegstote eine würdige Ruhestätte gefunden. Es sind nicht nur deutsche Soldaten, sondern auch die Opfer des NS-Massakers in Hirzenhain, 81 Frauen und 6 Männer, ausländische Zwangsarbeiter, die unmittelbar vor dem Einmarsch der Amerikaner von einem SS-Kommando ermordet worden waren und hierher umgebettet wurden. Eine Gedenktafel weist am Eingang auf diese Tatsache hin. An den Wänden des Kreuzgangs sind Grabdenkmäler aus der Klosterzeit aufgestellt. Sie passen zum Stil der heutigen Gedenkstätte. Der Kapitelsaal ist ebenfalls Teil dieser Gedenkstätte. Man betritt ihn durch einen breiten frühgotischen Eingang zwischen Doppelfensterarkaden. Er ist quadratisch und in 9 Jochen gewölbt. Säulen mit schönen Blatt- oder Knollenkapitellen tragen die Gewölbe. Auf den rundum führenden Bänken konnten die Mönche der täglichen Lesung aus den Ordensregeln zuhören. Außer einer Altarmensa befindet sich im Kapitelsaal das Grabmal des Ritters Johannes von Falkenstein aus dem Jahre 1365, eine überaus wertvolle Arbeit. Platte, Architektur

90-1 Das von Harnier'sche Schloß
90-2 Kopfweide an der Horloff bei Grund-Schwalheim
91-1 Die Dorfstraße in Echzell
91-2 Die Zehntscheune in Echzell, jetzt Heimatmuseum

90-1

90-2

91-1

91-2

91

und Figur sind meisterhaft in eins gefügt. Ebenfalls auf der Ostseite des Kreuzgangs befindet sich das sog. Parlatorium, welches den einzigen Platz im Kloster darstellte, an dem es den Mönchen gestattet war zu reden. Sonst hatten sie in ihrer männlichen Gemeinschaft schweigend zu leben und nur anläßlich von Gebet, Beichte und Chorgesang die Möglichkeit zur Kommunikation - mit Gott, aber nicht untereinander. Im Obergeschoß des Ostbaus befindet sich der Schlafsaal der Mönche, das Dormitorium. Er war vom Kreuzgang und von der Kirche aus zugänglich. Die Verbindung von Schlafraum und Kirche entspricht dem zentralen Gedanken der Zisterziensertheologie, daß der Mönch siebenmal am Tag Gott anbeten und auch mitten in der Nacht aufstehen soll, um ihn zu loben. Daher schlafen die Mönche auch angekleidet, um stets bereit zu sein, im übertragenen Sinne für das Erscheinen des Herrn. Ursprünglich war das Dormitorium ein großer gemeinsamer Schlafsaal, Spuren an den Säulen weisen aber darauf hin, daß er später in kleinere Kammern unterteilt worden war. Auch dieser in drei bzw. zwei Schiffe gegliederte Raum strahlt eine ungeahnte Ruhe und Würde aus, er wird heute zu Konzerten und Ausstellungen benutzt.

Auf der Westseite des Kreuzgangs führt eine Gasse zum Laieneingang in die Kirche für die Konversen, die im Bursenbau auf der anderen Seite dieses Ganges gewohnt haben. Ihr Laiendormitorium und -refektorium, d.h. ihr Schlaf- und Speisesaal befanden sich hier, während die Mönche an der Südseite des Kreuzgangs in der Nähe des Brunnenhauses gegessen haben. Auch die Verpflegung entsprach dem kargen auf das Jenseits ausgerichteten Klosterleben. Fleisch gab es nicht, nur Fisch und Geflügel, freitags und in der gesamten Fastenzeit wurde karger gegessen, in der Karwoche noch einmal weniger und am Karfreitag gar nichts. Schließlich diente das vierteljährliche Zur-Ader-Lassen dazu, dem Mönch stets die Hinfälligkeit seines Körpers bewußt zu machen. Neben der Küche befand sich der einzige beheizte Raum, in dem die Mönche Gelegenheit hatten, sich aufzuwärmen.

Die auch in ihrem Ruinencharakter noch aussagekräftige mittelalterliche Klosterarchitektur gibt einen Eindruck von der Frömmigkeit und Stärke der Mönche dieses Ordens, der im 12. und 13. Jahrhundert einen großen Zulauf von Männern hatte, die sich freiwillig diesen Entsagungen unterwarfen, die sich allerdings auch in Zeiten wachsender Bevölkerung ein gesichertes Leben suchten. An den Baulichkeiten außerhalb des Bursenbaus ist zu erkennen, daß das Kloster Arnsburg in der Barockzeit eine aufwendige und repräsentative Umgestaltung erfahren hat. Im 18. Jahrhundert hatte sich das Kloster nach den Zerstörungen des Dreißigjährigen Krieges soweit erholt, daß aufwendige Neubauten möglich waren, die in der protestantischen Wetterau den Gedanken der katholischen Gegenreformation nach außen prunkvoll vertreten konnten. Die Äbte Robert Kolb, Antonius Antoni, Peter Schmidt und Bernhard Birkenstock verkörpern dieses Selbstbewußtsein der Barockzeit. Im Osten wurden die Klostergebäude großzügig verlängert und im Süden rechtwinklig dazu ebenfalls ein neuer Gebäudetrakt im Stil der Zeit mit Mansarddach errichtet. Im Winkel standen Pavillonbauten. Das meiste davon ist im 19. Jahrhundert nach der Säkularisation wieder verschwunden. Der nördliche Eckpavillon wurde in Birklar 1819 als quadratische zweigeschossige Dorfkirche wiederaufgebaut. Der barocke Prälatenbau, der Küchenbau und das Abteigebäude im Süden des Klosters sind noch vorhanden. Der repräsentative Pfortenbau ist der jüngste der Arnsburger Barockbauten. Er stammt aus dem Jahre 1774, in dem das Kloster seiner Gründung vor 600 Jahren gedachte. Über der

Florstadt

Leidhecken
Nieder-Florstadt
Nieder-Mockstadt
Ober-Florstadt
Staden
Stammheim

93-1

Tordurchfahrt grüßt eine Sandsteinplastik des Heiligen Bernhard die Besucher, während auf der Innenseite Maria Immaculata steht, die Schutzpatronin des Zisterzienserordens. Die Fachwerkhäuser der einstigen Wirtschaftsgebäude gruppieren sich westlich vor der Klausur und bieten mit der Klostermühle, dem Brauhaus und dem Treppenturm der verschwundenen Schmiede eine ländliche Idylle, die auch zur Einkehr einlädt.

Das Marienschloß in Rockenberg und die Klöster Engelthal und Marienborn

Ein Zisterzienserinnenkloster war auch das Marienschloß in Rockenberg, eine Stiftung des Ritters Johannes von Bellersheim und seiner Frau Gezele aus dem 14. Jahrhundert, deren Grabmal in der ehemaligen Klosterkirche, einem seltenen Rokokobau in der Wetterau, erhalten ist. Der Saalbau ist von einer Decke mit Rokokoschmuck überspannt. Die Emporenbrüstungen, die Heiligenfiguren zwischen den Fenstern, Hauptaltar und Kanzel sind aus einem Guß. Nach der Säkularisation kam das Kloster an das Großherzogtum Hessen-Darmstadt, das hier eine Zucht- und Besserungsanstalt einrichtete, die heute als Jugendstrafvollzugsanstalt weitergeführt wird.

Knapp hundert Jahre älter ist das in typischer zisterziensischer Waldeinsamkeit gelegene Kloster Engelthal bei Altenstadt. Die im Kern gotische Kirche erfuhr ebenfalls eine barocke Umgestaltung. Auch hier ist das Stiftergrab des Ritters Konrad von Büches erhalten. Das Äbtissinnenhaus schmückt ein Portal mit Freitreppe. Das Kloster ist seit den sechziger Jahren von Benediktinerinnen aus Herstelle in Westfalen belegt und lädt zur Meditation ein.

Ein wenig älter noch ist das Zisterzienserinnenkloster Marienborn bei Ekkartshausen. Die Gründung wurde vom Haag bei Büdingen nach 14 Jahren ins

93-1 Die Ev. Kirche in Nieder-Florstadt von 1792 steht mit gerundeten Ecken und Pilastergliederung für den Übergang vom Barock zum Klassizismus.
94-1 Einheitliche Häuserzeile in Leidhecken
94-2 Schieferschmuck an einem Haus in Staden
95-1 In Nieder-Mockstadt haben die neuerdings sehr verbreiteten Dachreiter eine lange Tradition.
95-2 Der Wehrturm der Wasserburg in Staden
95-3 Die „Seufzerbrücke" in Staden. Die Fachwerkbrücke über den Mühlbach weitet sich in der Mitte zu einem Pavillon mit welscher Haube.

94-1

94-2

95-1
95-2 
95-3 

95

Gemeinde Florstadt mit Ortsteilen

8.734	Einwohner
39,60 qkm	Gemarkungsfläche
221	Einwohner pro qkm
1:50.000	Maßstab der Karte (1 cm = 0,5 km)

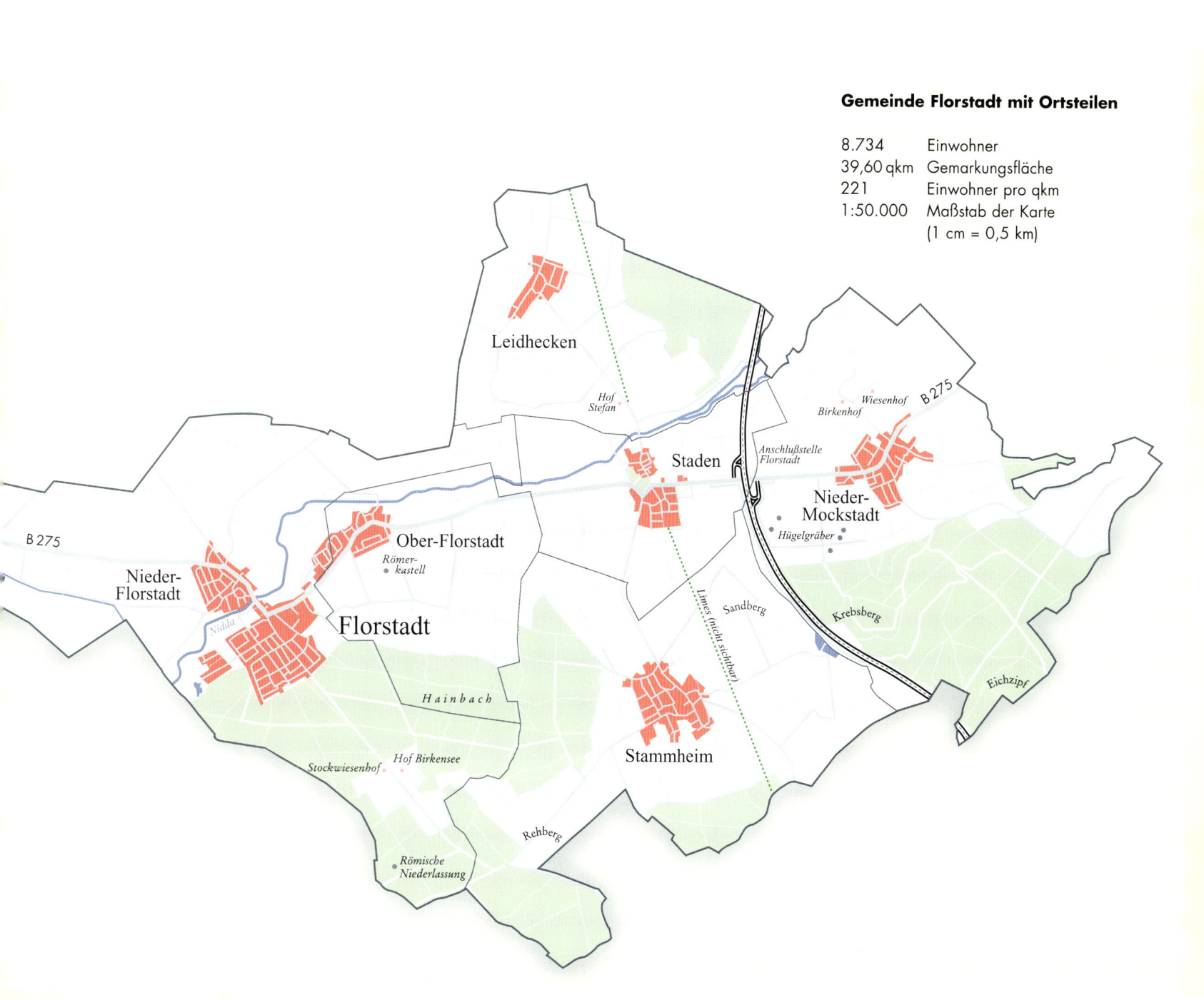

wasserreiche Krebsbachtal verlegt. Die Klosterkirche stammt noch aus dem 13. Jahrhundert, ist aber eine Ruine. Von der Pracht des im Mittelalter reichsten Klosters der Wetterau, in dem die unverheirateten Töchter des einheimischen Adels lebten und ihre Pfründe hier einbrachten, zeugt heute nichts mehr. Es diente auch als Grablege des Hauses Ysenburg. Nach der Säkularisation fiel es in die Linie Ysenburg-Birstein und dient seitdem als Gutshof. Die Büdinger Hohe Landesschule, die als Zentrum der reformierten Bildung in der Grafschaft gegründet worden war, stattete Graf Wolfgang Ernst mit den Gütern von Marienborn aus. 1673 wurde es Sitz einer eigenen Linie Ysenburg-Birstein-Marienborn und Graf Karl-August residierte hier bis 1725. Das Schloß wurde schließlich an den Grafen Zinzendorf verpachtet, der mit seiner Herrnhuter Brüdergemeine nach seiner Vertreibung aus Sachsen auf der Ronneburg Zuflucht gefunden hatte. Marienborn wurde für zehn Jahre von 1737 bis 1747 bis zum Umzug nach Herrnhaag zum Mittelpunkt der Brüdergemeine, die hier ein theologisches Seminar und ein Pädagogium unterhielt. Zwei Synoden wurden von Vertretern aus aller Welt beschickt. Auch Goethe gehörte nach seiner Rückkehr aus Leipzig in Frankfurt eine Zeit lang pietistisch erweckten Kreisen um das Fräulein von Klettenberg an und nahm 1769 an einer Marienborner Synode teil. Außer diesem in Dichtung und Wahrheit überlieferten Besuch und dem Schlößchen erinnert heute nichts mehr an dieses bedeutende theologische Zentrum, denn die Klostergebäude wurden vor gut hundert Jahren abgebrochen.

Die Johanniterkirche in Nieder-Weisel

Von ganz anderem Zuschnitt und künstlerischem Wert ist die Johanniterkirche in Nieder-Weisel. Hier wird seit 1245

96-1 Die Zehntscheune in Stammheim

96-2 Das Isenburger Schloß in Staden. Der Staffelgiebel verweist noch auf die Gotik, die horizontale Geschoßtrennung und der schöne Erker sind Renaissancedetails.

97-1 Kunstvoll verschiefertes Zwerchhaus in Staden

97-2 Das ehemalige Schloß der Freiherrn von Löw zu Steinfurth in Nieder-Florstadt

97-3 Der Niddaradweg bei Ober-Florstadt

96-1

96-2

97-2

eine Johanniterkommende erwähnt, deren romanische Stiftskirche erhalten ist. Bereits 60 Jahre vorher hatte Graf Berthold von Nidda dem Orden die Errichtung einer ersten Kommende in der Region durch die Übergabe des Niddaer Spitals ermöglicht. Das einzige Zeugnis der Johanniter in Nidda ist der stilvolle gotische Johanniterturm. Entsprechend den sozialen Aufgaben der Johanniter ist die Kirche in Nieder-Weisel zweigeschossig. Über dem Gottesdienstraum im Parterre befindet sich im Obergeschoß ein Krankensaal. Durch kreisrunde Öffnungen im Boden war es den Patienten möglich, am Gottesdienstgeschehen wenigstens akustisch teilzunehmen, denn Pflege, Reinigung und Speisung der Kranken war im Mittelalter immer verbunden auch mit seelsorgerlicher Betreuung. Die Geschoßtrennung ist außen durch einen Rundbogenfries mit Zickzackband angedeutet. Der Kirchenraum aus dem späten 12. Jahrhundert ist eine dreischiffige Halle, der früheste Raum dieser Art in Hessen, mit drei halbrunden Apsiden. Von außen gesehen sind die beiden Seitenapsiden rechteckig ummauert, so daß nur die Hauptapsis hervortritt. Die Stützen, die das Kreuzgratgewölbe tragen, wechseln wie in Ilbenstadt zwischen rechteckig und rund mit vorgelegten Diensten. Die Gurtbögen im Mittelschiff sind rund, während sich in den Seitenschiffen frühgotische Spitzen zeigen. Der Gegensatz zwischen geputzten Gewölbeflächen und sorgfältig gemauerten Pfeilern, Gurtbögen und Wänden aus schwarzem Basaltlungstein verleiht dem Raum Feierlichkeit. Im Obergeschoß befindet sich heute unter einer mächtigen Flachdecke, die auf Holzstützen ruht, der Versammlungsraum des Johanniterordens, der im benachbarten Herrenhaus der ehemaligen Komturei ein Schulungszentrum unterhält.

98-1 Das ehemalige von Löw'sche Schloß in Staden. Das lange Haus wird von einem Mittelrisalit gegliedert.
98-2 Das Schloß in Stammheim von 1592 mit rechteckigem Portalvorbau
99-1 Das Isenburger Schloß in Staden ist ein beliebtes Restaurant, links der frühere Torturm zur Wasserburg.
99-2 Der Mönchshof in Nieder-Florstadt mit schönem Wappenportal gehörte früher zum Kloster Fulda.
99-3 Die Ev. Kirche in Staden aus den dreißiger Jahren des 19. Jhs. im klassizistischen Stil mit stark romanisierenden Elementen

98-1

98-2

99-1 99-2 99-3

99

Die Kugelherren in Butzbach

In Butzbach erinnert das Kugelherrenhaus Kirchgasse 12 an eine Niederlassung der „Brüder des gemeinsamen Leben", die auf Graf Eberhard III. von Eppstein-Königstein zurückgeht und ca. 80 Jahre die Markuskirche, die damalige Stiftskirche, betreute. Die Bezeichnung Kugelherren für diese Bruderschaft kommt von ihrer runden Kopfbedeckung, der cuculla, eingedeutscht Kugel. Unter ihrem Probst Gabriel Biel hatte die Gemeinschaft eine wichtige Funktion für das geistige Leben der Stadt. Ihre bedeutende Bibliothek wurde bis vor kurzem noch im theologischen Seminar in Friedberg aufbewahrt und befindet sich seit dessen Schließung Ende 1999 leider außerhalb der Wetterau in Darmstadt. So viel zu den geistlichen Einrichtungen der mittelalterlichen Wetterau.

Die Dorfkirchen

Der Reformation öffneten sich die Wetterauer Territorien unterschiedlich schnell. Aus der territorialen und politischen Vielfalt der Wetterau wurde zusätzlich noch eine konfessionelle. Die Reichsburg Friedberg tat sich besonders schwer, hatte ihr doch Kaiser Karl V. noch 1541 für ihre Treue gerade auch in der Konfessionsfrage das Münzrecht verliehen. In der Stadt wurde seit den dreißiger Jahren nach der neuen Lehre gepredigt. Luther war unmittelbar nach seinem berühmten Auftritt auf dem Wormser Reichstag vom Reichsherold Kaspar Sturm bis Friedberg geleitet worden. Hier hatte er übernachtet und zwei Briefe an den Kaiser und die Reichsstände geschrieben, in denen er seine Argumentation noch einmal darlegte, bevor er nach Sachsen weiterreiste. Das Heroldsschwert Sturms gelangte aus dem Familienerbe ins Wetteraumuseum, wo es heute als Lutherschwert gezeigt wird.

Mit der evangelischen Lehre änderte sich allmählich auch der Kirchenbau. Aber erst nach den Wirren des Dreißigjährigen Krieges waren die Mittel vorhanden, Kirchen umzubauen oder neue zu errichten. Die Vielfalt dieser Bautätigkeit, vorwiegend im 18. Jahrhundert, prägt heute das Landschaftsbild, denn aus sehr vielen Wetteraudörfern ragen die charakteristischen mehrfach geschweiften barocken Turmhelme. Es handelt sich dabei um eine Spielart der Kuppel. Die Zimmerleute der Barockzeit wollten es den gotischen Helmen in Echzell, Münzenberg, Bad Vilbel und Friedberg in der Höhe gleichtun, türmten zwei oder drei nach oben kleiner werdende Turmgeschosse aufeinander und krönten sie dann mit einer welschen Haube, der Kuppel aus Italien. Ein filigranes Turmkreuz oder ein Wetterhahn strecken den Bau noch einmal nach oben. Der prächtigste Turm dieser Art steht in Berstadt. Der dreifach abgestufte Helm ist zusätzlich von vier Eckturmchen mit geschweiften Hauben umgeben. Zu den schönsten Beispielen zählen die von Nieder-Rosbach, Ober-Rosbach, Nieder-Wöllstadt, Ober-Mörlen, Wölfersheim und Gambach. Der Eleganteste ist allerdings der von Ober-Mockstadt. Die mehrfach geschweifte Haube mit doppelter Zwiebel ist weithin sichtbar, weil die Kirche oberhalb des Dorfes liegt.

Zu den ältesten Kirchen gehört die im Kern romanische aus der Zeit um 1100 in Trais-Münzenberg. Rundbogige Obergadenfenster und gekuppelte Schallarkaden am Turm weisen darauf hin. Ähnliche Arkaden hat auch der romanische Kirchturm in Kirch-Göns. Die Krypta unter der Michaelskirche in Klein-Karben ist ebenfalls romanisch. Die wehrhaft gelegene Kirche war die Mutterkirche für Groß-Karben, Burggräfenrode und Kaichen. Die Kirche in Echzell ist deshalb besonders zu erwähnen, weil sie die einzige in der Wetterau ist, die von der Römerzeit bis heute eine ununterbrochene

Gedern

Gedern
Mittel-Seemen
Nieder-Seemen
Ober-Seemen
Steinberg
Wenings

Bautradition aufweist. Das rechteckige Frigidarium des römischen Kastellbades wurde in der Karolingerzeit mit einer Apsis versehen und in eine Kirche verwandelt. Später kam ein Turm hinzu und im 12. Jahrhundert ein Chor. Hundert Jahre später verschwand der Turm und die Kirche wurde nach Westen auf ihre jetzige Größe erweitert. Der heutige Turm mit seinem weithin sichtbaren spitzen Helm wurde im 15. Jahrhundert gebaut, und schließlich wurde der mittelalterliche Chor im 18. Jahrhundert durch einen neuen ersetzt und die Decke stukkiert. Die Wandmalerei stammt aus dem 14. Jahrhundert.

Die mittelalterlichen Dorfkirchen waren zumeist wehrhafte Bauten, die manchmal auf einem ummauerten Hügel liegen und deren Türme deutlich Verteidigungscharakter hatten. In Altenstadt war die Kirche mit ihrem festen Turm Teil der mit Gebück und Haingraben versehenen Dorfbefestigung. Der trutzige quadratische Turm der Kirche in Nieder-Weisel gleicht im Unterbau einem Bergfried. Auch die Lisenen und die in mehreren Reihen übereinander geordneten Rundbogenfriese verleihen ihm ein eigenes Gepräge. Der Kirchturm in Hoch-Weisel zeigt den Wehrcharakter noch deutlicher. Im Dachstuhl trägt er nach vier Seiten Ecktürmchen, sogenannte Wichhäuser, von denen aus der Feind beobachtet, aber auch abgewehrt werden konnte. Dieselbe Konstruktionsform findet man auch in Ostheim und Langenhain, in Rockenberg und Griedel. Der Turm in Altenstadt weist neben den Wichhäusern noch deutlich Schießscharten auf, die Kirche in Bad Vilbel ist wehrhaft auf einer Anhöhe am Rande des Ortes erbaut. Diese Form der abseits auf einem Wehrkirchhof erbauten Kirche ist in Selters am eindrucksvollsten erhalten. Hier ist der Friedhof um die Kirche als Zufluchtsort für die Dorfbevölkerung abseits des Ortes angelegt. Ebenso auch in Hitzkirchen, wo der Kirchturm

101-1 Der Gederner See
102-1 Blick auf Nieder-Seemen
102-2 Dorfstraße in Steinberg
102-3 Das Schloß in Gedern, einst Residenz der Fürsten von Stolberg-Gedern, inmitten eines englischen Parks, heute Sitz der Stadtverwaltung
102-4 Haus in der Schloßstraße
103-1 Torhaus des ehemaligen Ysenburg-Birsteiner Hofes von 1535 in Wenings, rechts ein Treppenturm mit Fachwerkaufsatz
103-2 Der Seemenbach in Mittel-Seemen

102-1

102-2

102-3

102-4

Stadt Gedern mit Stadtteilen

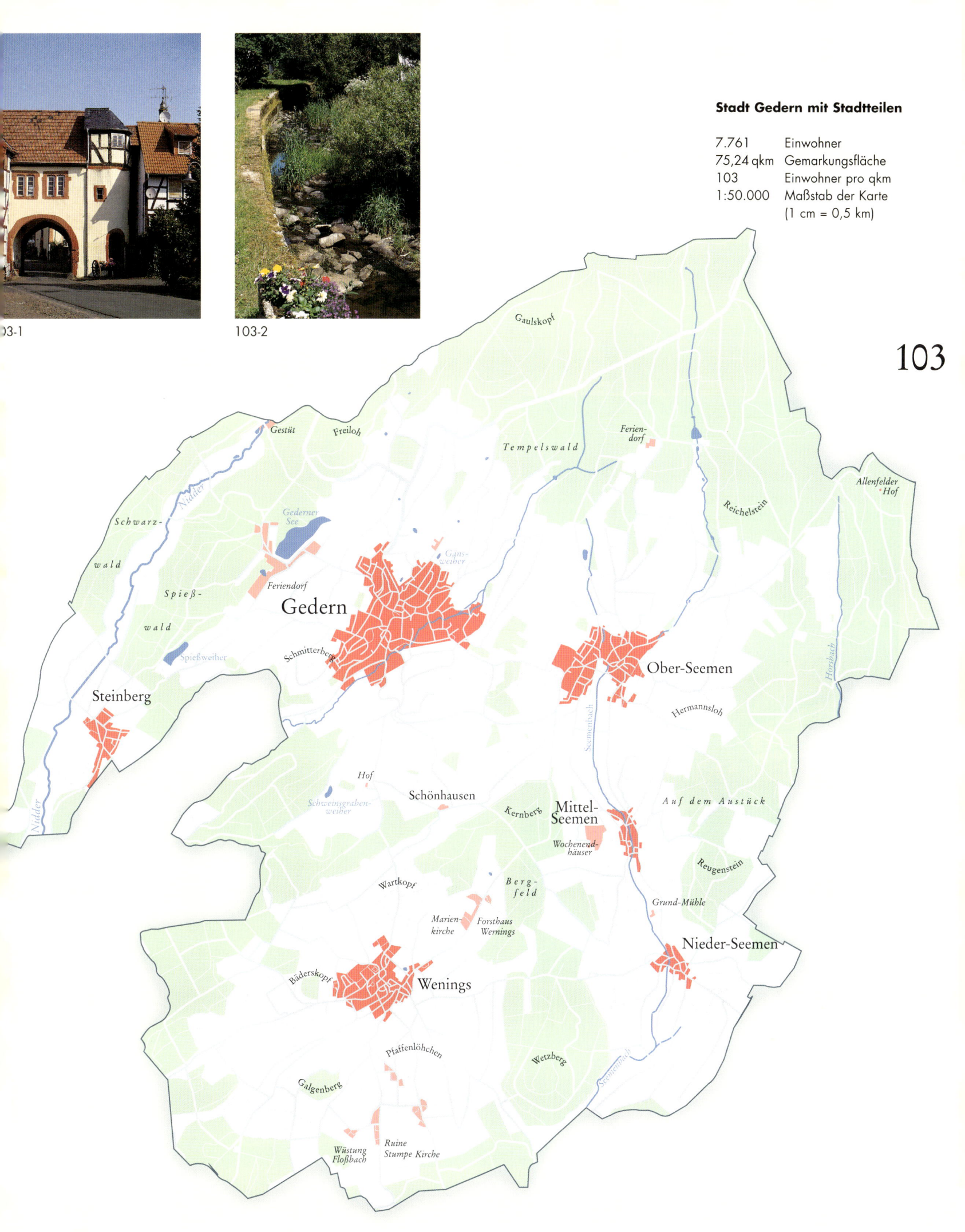

7.761 Einwohner
75,24 qkm Gemarkungsfläche
103 Einwohner pro qkm
1:50.000 Maßstab der Karte
(1 cm = 0,5 km)

wiederum noch mit Schießscharten bewehrt ist. Hier gab es sogar in der Kirche einen Brunnen zur Wasserversorgung während einer Belagerung. Die Wehranlage in Wolferborn liegt ebenfalls außerhalb des Dorfes. Im mächtigen Chorturm und im Westgiebel sieht man die Schießscharten. In Ober-Widdersheim liegt die mittelalterliche Kirche burgartig über dem Ort hinter einer Wehrkirchhofsmauer. Hier steht der Wehrturm an der Bergseite neben der Kirche. Die Wehrkirche in Dauernheim mit derselben Turmanordnung wie in Ober-Widdersheim steht auf einem Kirchberg, in dessen Umfassungsmauer Felsenkeller eingelassen sind. Diese in ihrem Umfang einmalige Kellerreihe in Zusammenhang mit der Kirche macht den besonderen Reiz des Dorfes aus. Die Keller dienten in dem früheren Weinbauernort der Vorratshaltung. Die Eingänge sind in Sandsteingewände gefaßt und tragen Hauszeichen zur Kennzeichnung der Besitzer. Daß in der Wetterau in der frühen Neuzeit der Weinbau heimisch war, beweisen die Bemerkungen von Erasmus Alberus, der im „Lob der Wetterau" für manchen Ort feststellt, „daselbst allenthalben herumb wächst guter Wein". Seit 1999 hat der Freundeskreis Weinbau Johannisberg Bad Nauheim dort den Weinbau mit gutem Erfolg wiederbelebt.

Auch die Kirche Maria Sternbach, die mitten im Wald zwischen dem Hofgut Wickstadt und Stammheim liegt und zu dem ausgegangenen Dorf Sternbach gehörte, zeigt noch die Mauer eines Wehrfriedhofes, allerdings hat das mittelalterliche Kirchlein mit dem hohen gotischen Chor seine Funktion geändert. Alljährlich im Mai ist es Ziel einer Marienwallfahrt. Von der Außenkanzel predigt dann der Priester der Wallfahrtsgemeinde. Eine ganz außerordentliche Dorfkirche weist Geiß-Nidda auf. Sie stellt eine gotische dreischiffige Basilika dar, wo sonst in den Dörfern wegen des geringen Raumbedarfs einfache Saalkir-

104-1 Schloßstraße in Gedern
104-2 Die ehemalige Synagoge in Ober-Seemen von 1901 mit romanischen und orientalischen Stilelementen. Die Sandsteinschmuckformen gliedern den rohen Bruchsteinbau.
105-1 Die Kirche in Wenings
105-2 Die Moritzburg in Wenings, das ehemalige Schloß der Fürsten von Ysenburg-Birstein, ein Zweiflügelbau mit rundem Treppenturm aus dem 16. Jh. Der Fachwerkaufsatz stammt aus dem 18. Jh.
105-3 Das Innere der Kirche in Ober-Seemen mit Doppelempore und Rokokoorgel
105-4 Eiche im Feld in der Nähe des Gederner Sees

105-1

105-2

105-3

105

chen stehen. Die niedrigen Seitenschiffe werden durch Pfeilerarkaden vom Mittelschiff abgetrennt und sind einfacher gewölbt als dieses. Sein Kreuzrippengewölbe ruht auf hohen Diensten. Diese Wandvorlagen und auch die Arkaden zu den Seitenschiffen tragen Kapitellschmuck. All dies unterstreicht, daß Geiß-Nidda mehr als eine normale Pfarrkirche darstellt. Neuere Forschungen sehen in ihr ebenfalls eine Wallfahrtskirche. Auch das gestufte Nordportal ist ganz ungewöhnlich reich für eine Dorfkirche. Stattlich macht sich auch die Kirche in Reichelsheim aus. Der Kirchenraum ist nicht mehr ganz Basilika, aber auch noch nicht reine Halle. Das Mittelschiff ist leicht höher als die Seitenschiffe und von einem kräftigen Kreuzrippengewölbe überspannt. Die Zwerchdächer betonen von außen den Hallencharakter. Schöne Sandsteinstrebepfeiler stützen den Chor. Der Kirchturm mit seinem Wehrgang gehörte auch hier zur Dorfbefestigung. Daß in Reichelsheim der Versuch für eine dreischiffige Hallenkirche gemacht wurde, unterstreicht die übergeordnete Funktion dieses großen Wetteraudorfes, das nicht mehr nur Bauerndorf geblieben, aber auch noch nicht Stadt geworden ist. Immerhin bietet die Reichelsheimer Hallenkirche mehr Raum für Grablegen und Altäre. Die Kirche in Lindheim sprengt aus einem anderen Grund den Charakter einer Dorfkirche. Der mächtige abseits stehende Glockenturm gehörte hier zur ehemaligen Burg der Herren von Büches. Die Kirche diente den reichsritterlichen Ganerben von Lindheim als gemeinsam benutzte Burgkapelle. Die großen Bogenöffnungen des nördlichen Seitenschiffes können nicht sakralen, sondern nur feudalen Zwecken gedient haben, etwa als Gerichtslauben oder auch für festliche Anlässe. Auch in Steinfurth hat die Kirche feudales Gepräge, besonders durch ihr sehr aufwendiges Sterngewölbe im Chor, das außerdem noch prächtig ausgemalt ist, vergleichbar dem Chor in Ober-Widdersheim, und in großem Kontrast zum schlichten flachgedeckten Schiff steht. Die Wappen der Herren von Löw zu Steinfurth als Ortsherren und Kirchenpatrone zieren die Gewölbeschlußsteine. Auch von außen ist der Chor durch einen Dachreiter hervorgehoben. Das barocke Prunkgrabmal des Freiherrn Georg Philipp von Löw zu Steinfurth aus Marmor und Stuck dominiert die Nordwand und unterstreicht die Bedeutung dieser Reichsritterfamilie für das Dorf.

Schlichte romanische Kirchen mit z. T. gut erhaltenen Fenstern und Portalen stehen in Ulfa, Schwickartshausen und Eichelsdorf. Gotische Ausmalungen befinden sich in der Kirche in Usenborn im spätgotisch gewölbten Chor. Christus, Maria und die Apostel sind dabei auffallend schlank gehalten.

Nach der Reformation bestand für die evangelisch gewordenen Kirchengemeinden ein erhöhter Raumbedarf, weil für die Gottesdienstbesucher wegen der liturgisch im Mittelpunkt stehenden meist sehr langen Predigt Sitzplätze geschaffen werden mußten. Dies geschah meist durch den Einbau von Emporen, manchmal sogar in mehreren Geschossen übereinander. Sie umrahmen das Schiff oft an drei Seiten und geben den Blick auf die Kanzel am Choreingang und auf den Altar im Chorraum frei. Diese typische Anordnung zeigt die Kirche in Nieder-Weisel. Die große Flachdecke ist mit einem Stuckornament überzogen. Das herrschaftliche Wappen der Grafen von Solms befindet sich hier nicht mehr im Chor wie noch in Steinfurth, sondern im Schiff über den Häuptern der Gemeinde. Dies beweist die Bedeutung des Adels in der evangelischen Kirche als summus episcopus und Patronatsherr. Manche Wetterauer Kirchen besitzen auch noch die Herrenstühle ihrer ehemaligen Patronatsherren, von denen aus diese hoch über der Gemeinde sitzend dem Gottesdienst beiwohnten, so in Friedberg-Fau-

007

Glauburg
Glauberg
Stockheim

107-1

erbach, Assenheim, Nieder-Florstadt und Groß-Karben. Die schönste Stuckdecke hat die Kirche in Wohnbach. Die Deckenfläche ist durch zwei Unterzüge in drei Längsstreifen geteilt, die Medaillons mit geistlichen Motiven und dem Wappen der Grafen von Solms tragen, umgeben von Renaissanceornamenten, eine wirkliche Pracht für eine Dorfkirche, die das Haus Solms-Lich gestiftet hat. Vergleichbares findet sich in Nieder-Weisel, das ebenfalls Solms-Lich gehörte. In Ober-Seemen wurde im 18. Jahrhundert ein neuer Saal errichtet, bei dem die Emporen zwei Etagen hoch steigen. Im zweiten Stock wurden sie sogar über den Triumphbogen zum Chor geführt, so daß hier Kanzel und Altar zu sehen sind, nicht aber der Chor, weil er im evangelischen Verständnis an Bedeutung eingebüßt hat. Solch schwierige Raumverhältnisse und Sichtprobleme wurden im 18. Jahrhundert zunehmend durch großzügige Neubauten gelöst, weil nun 50 Jahre nach dem Dreißigjährigen Krieg wieder mehr Geld zur Verfügung stand. Eine neue reformierte Predigtkirche erhielt um 1700 die Gemeinde in Gambach, an deren Planung Graf Wilhelm Moritz von Solms-Braunfels selbst beteiligt war. Hier ist die U-förmige Empore auf die übereinander angeordnete Trias Altar, Kanzel und Orgel ausgerichtet. Das Mansarddach verweist auf die Barockzeit, der dreifach gestaffelte Haubenhelm gehört zu den schönsten der Wetterau. Die Kirche in Rendel hat dieselbe strenge Anordnung von Altar, Kanzel und Orgel. Der Neubau in Assenheim ist 80 Jahre jünger und stammt von dem Nauheimer Architekten Philipp Wörrishöfer, der auch den St. Georgsbrunnen in der Friedberger Burg und die Burgkirche gestaltet hat. Der Predigtsaal in Assenheim ist quer gelagert, der Eingangsbereich springt an der Ostseite risalitartig vor und korrespondiert mit dem westlich vorgelagerten Turm. Altar, Kanzel und Orgel sind übereinander angeordnet, ih-

107-1 Der Keltenfürst vom Glauberg, Sandsteinstele, die am Rande des Grabhügels auf dem Glauberg gefunden wurde.
108-1 Der rekonstruierte Grabhügel des Fürstengrabes zieht viele Besucher an.
108-2 Grabstein des Wolf von Wolfskehlen und seiner Gemahlin aus dem 16. Jh., der Besitzer der ehemaligen Wasserburg Leustadt
108-3 Glauburg, In der Landwehr
109-1 Glauberg, südliches Tor der Befestigung
109-2 Turm der staufischen Burg auf dem Glauberg
109-3 Dorfstraße in Glauberg mit Blick auf die Kirche, rechts das Glaubergmuseum

109-1
109-2
109-3

109

Gemeinde Glauburg mit Ortsteilen

3.290	Einwohner
12,67 qkm	Gemarkungsfläche
260	Einwohner pro qkm
1:50.000	Maßstab der Karte (1 cm = 0,5 km)

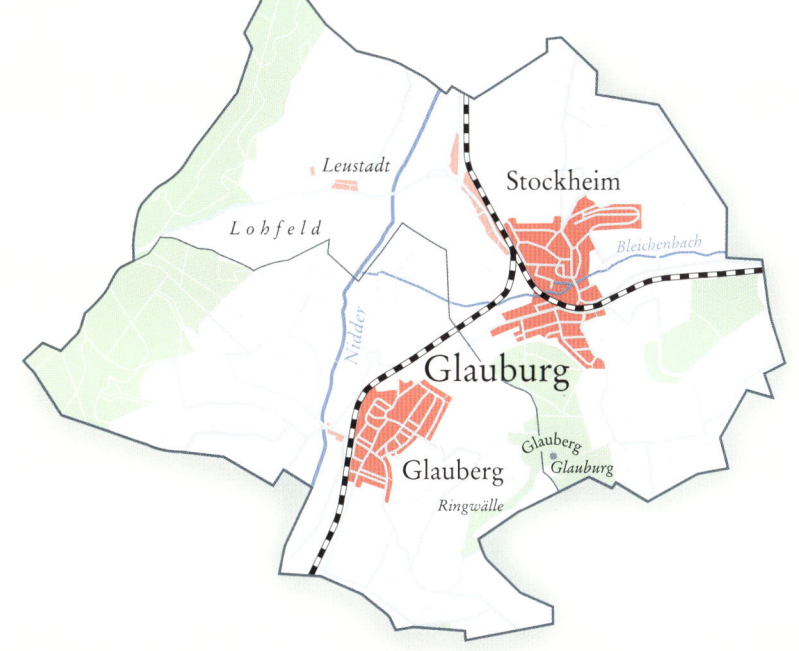

nen gegenüber befindet sich die Grafenloge. Die Empore führt an allen vier Seiten um die Kirche herum. Durch die querrechteckige Form ist der Kontakt zwischen Pfarrer und Gemeinde wesentlich enger als in einem längsgestreckten Saalbau. Quer gelagert wie hier sind auch die Kirchen in Ostheim und Stammheim. Ober-Rosbach erhielt im 18. Jahrhundert einen neuen Kirchensaal, einen hellen Raum mit dreiseitiger auf die Kanzel, nicht auf den Altar ausgerichteter Empore. Die Decke ziert dezenter Stuck. Die Predigtkirche in Bruchenbrücken, die 1750 einen dem Sturm zum Opfer gefallenen Vorgängerbau ersetzte, stammt von dem Tiroler Maurermeister Johann Georg Bärmann und besitzt einen schönen Haubendachreiter. Das Isenburger Wappen über dem Eingang zeigt, daß die Grafen den Bau der Kirche förderten. 1982 erhielt die Kirche den Namen des Wetterauer Humanisten Erasmus Alberus, der um 1500 in Bruchenbrücken geboren wurde. Der prachtvollsten Wetterauer Predigtkirche begegnen wir in Wölfersheim. Dieser weit über den Ort in die Ferne wirkende Barockbau entspricht einem Programm desselben Grafen Wilhelm Moritz von Solms-Braunfels, dessen Handschrift schon die Gambacher Kirche zeigte. Sie ist eine quergerichtete Predigtsaalkirche. Die Emporen befinden sich an drei Seiten, die vierte Wand wird ausschließlich vom Altar und einem richtiggehenden Kanzelhaus eingenommen, das in eine Nische eingebaut ist, die die Verbindung zum alten Burgturm herstellt, der als Kirchturm verwendet und mit welscher Haube versehen wurde. Das nüchterne Innere steht in denkbar großem Gegensatz zur Prunkfassade, die eher zu einem Barockschloß paßt als zu einer Dorfkirche. Der Eingang wird von je zwei mächtigen Halbsäulen flankiert, die ein Giebelfeld im Mansarddach stützen. Die hohen Fenster rechts und links daneben erstrecken sich zwischen Pilastern nach

110-1 Blick über Effolderbach ins Niddatal
110-2 Blick auf Glauberg
111-1 Hofgut Leustadt, das Totenhaus. Es mußte im Dreißigjährigen Krieg gebaut werden, weil Leustadt keinen eigenen Friedhof hatte.
111-2 Blick auf das Hofgut Leuchstadt, hinter dem Torbau das zweiflügelige Herrenhaus mit rundem Treppenturm
111-3 Blick auf Stockheim

1-1 111-2 111-3

111

oben, und außen rahmt ein weiteres Pilasterpaar die Eingänge und darüber liegende kleinere Fenster. Ein mächtiges Quergebälk und darüber ein weit vorkragendes Mansarddach schließen den Bau nach oben ab. Das Rot der Sandsteinformen und das Weiß der Putzflächen verleihen der Kirche Leuchtkraft. Hier hat der dem reformierten Glauben angehörende Landesherr einen deutlichen auch propagandistischen Akzent in die lutherische Umgebung hineingesetzt. Im Vergleich zu dem Wölfersheimer Barock wirkt die klassizistische Burgkirche in Friedberg, über die noch berichtet wird, vornehm zurückhaltend. In der ebenfalls klassizistischen Kirche in Melbach läuft die Empore an allen vier Seiten um den Raum, sie wird von dorischen Säulen getragen und ist eindrucksvoll als Triglyphenfries gestaltet.

In manchen Wetterauer Orten führte die konfessionelle Vielfalt dazu, daß mehrere Kirchen erforderlich wurden, etwa in Rodheim oder Bad Nauheim. Rodheim erhielt nach dem Dreißigjährigen Krieg zur bestehenden reformierten Kirche einen lutherischen Neubau. Auch hier ist der Kirchenraum quer orientiert, der Turm wächst aus der Längsseite zur Straße hin heraus und ragt mit der Eingangstür nur als schwacher Risalit vor. Die Ecken der Kirche sind elegant abgeschrägt. Dieses Kennzeichen verwendet der Hanauer Architekt Christian Ludwig Hermann auch an der Reinhardskirche in Bad Nauheim. Das Innere der Rodheimer Kirche wurde von Hubert Kratz nach einem Brand 1903 völlig neu im Neorenaissancestil gestaltet. Die ursprünglich mittelalterliche, später reformierte Rodheimer Kirche wurde im 20. Jahrhundert abgerissen, lediglich der hohe Turm ragt noch über die Dächer des Ortes, so daß Rodheim heute nur noch eine Kirche, aber zwei Türme besitzt. In Bad Nauheim sind die beiden Kirchen, die lutherische Reinhardskirche und die reformierte Wilhelmskirche, in der Altstadt noch vorhanden. Die Reinhardskirche, heute von der russisch-orthodoxen Gemeinde benutzt, ist der Rodheimer Kirche von außen sehr ähnlich. Wieder ist der Glockenturm Teil der Straßenfront, durch die angeschrägten Ecken wirkt der Bau nahezu rund und schmiegt sich so sehr elegant in die eng bebaute Straßenfront. Die Wilhelmskirche wurde erbaut, nachdem das hanauische Dorf Nauheim 1736 an das reformierte Haus Hessen-Kassel gefallen war. Im längsgestreckten Saalbau ist der Gottesdienstraum wieder typisch reformiert querorientiert. Der Turm steht vor der Kirche und wirkt dadurch viel wuchtiger als der der Reinhardskirche. Seine Laternenhaube ist doppelgeschossig. Die spätbarocke frühklassizistische Kirche in Nieder-Florstadt zeigt wie die Reinhardskirche gerundete Ecken. Die klare Pilastergliederung verleiht diesem Bau zusätzliche Eleganz.

Neubauten von katholischen Kirchen sind in der Wetterau seltener anzutreffen und eher schlicht gehalten. Hier wurde offensichtlich bewußt auf Machtdemonstration nach außen verzichtet, wie sie in Wölfersheim durch die Grafen von Solms zu beobachten war. Die zu Beginn des 18. Jahrhunderts neu errichtete Kirche des Hofguts Wickstadt steht ganz in mittelalterlicher Tradition. Sie besitzt mehrere Altäre, und die Orgel befindet sich im Gegensatz zu den protestantischen Predigtkirchen auf der Westempore. Der Namenspatron, der Heilige Nikolaus, steht in einer Nische über dem Portal. Der zweigeschossige Dachreiter verleiht dem sonst schlichten Bau eine gewisse Pracht. Nach einem Dorfbrand zu Beginn des 18. Jahrhunderts bauten die Patronatsherren von Ober-Mörlen, die Herren von Wetzel, einen Neubau der Remigiuskirche. Sie geht, wie das Patrozinium aufweist, auf eine karolingische Gründung zurück. Diese Familie stiftete einen Barockaltar und erhielt einen adligen Herrenstand sowie eine

Hirzenhain

Hirzenhain
Glashütten
Merkenfritz

113

113-1

Grablege in der Kirche. Die Barockkirche in Nieder Mörlen stammt ebenfalls aus dem 18. Jahrhundert, wurde aber in jüngster Zeit nach Westen erweitert, so daß der ursprüngliche Westdachreiter jetzt fast in der Mitte des Kirchendaches sitzt.

Auch für die Zeit des Klassizismus gibt es in der Wetterau bemerkenswerte Kirchenbauten. Von der Burgkirche in Friedberg wird noch berichtet. Rohrbach bei Büdingen erhielt in den zwanziger Jahren des 19. Jahrhunderts eine schöne klassizistische Saalkirche, deren Portal man erreicht, wenn man über eine kleine Treppe aus dem Dorf emporsteigt. In der Kirche setzt sich diese Stufung fort bis zum Altar, der in einer höher gelegenen Apsis steht. Den kubischen Portalbau ziert ein großes Halbrundfenster, der flache Turmhelm nimmt diese Rundung wieder auf. Dazwischen erhebt sich das Giebeldach des Portalhauses. Dieses Spiel von Rundung, Giebel und waagrechten Gesimsen macht den Reiz dieser Kirchenfassade aus. Auch das Innere ist für eine Dorfkirche bemerkenswert. Kräftige Säulen mit antiken Kapitellen stützen die Gewölbetonne, die wie die halbrund gewölbte Apsis mit Kassettenfeldern geschmückt ist. Die Rundfenster belichten den weiß gehaltenen Raum und verleihen ihm trotz der protestantischen Empore etwas Antikes. Feierliches Weiß prägt auch die Stadener Kirche, die von einem quadratischen Turm ähnlich dem der Friedberger Burgkirche überragt wird. Das Innere lebt von Rundbögen. Sie sind weit gespannt und auf dorische Säulen gestellt und trennen die Seitenschiffe vom Mittelschiff. Enger gestellte teilen rechts und links im vorderen Bogen die Logen ab. Der Rundbogen taucht auch am Fries unter dem Dach des Turmes wieder auf. Die größte Dorfkirche der Wetterau wurde zu Beginn des 20. Jahrhunderts in Ockstadt gebaut. Die mächtigen Doppeltürme sind Landmarken, wenn man von Bad Nauheim auf

113-1 Im Kunstgußmuseum der Firma Buderus in Hirzenhain
114-1 Wertvolle Ofenplatten aus der Barockzeit
114-2 Grabdenkmäler auf dem Buderusfriedhof
115-1 Das Badehaus von Buderus, eine frühe soziale Einrichtung für die Belegschaft
115-2 Blick über Glashütten zum Hoherodskopf
115-3 Fachwerkscheune in Merkenfritz
115-4 Fabrikgebäude der Buderus'schen Eisengießerei in Hirzenhain

5-1  115-2  115-3

115-4

115

Gemeinde Hirzenhain mit Ortsteilen

3.018	Einwohner
16,11 qkm	Gemarkungsfläche
187	Einwohner pro qkm
1:50.000	Maßstab der Karte (1 cm = 0,5 km)

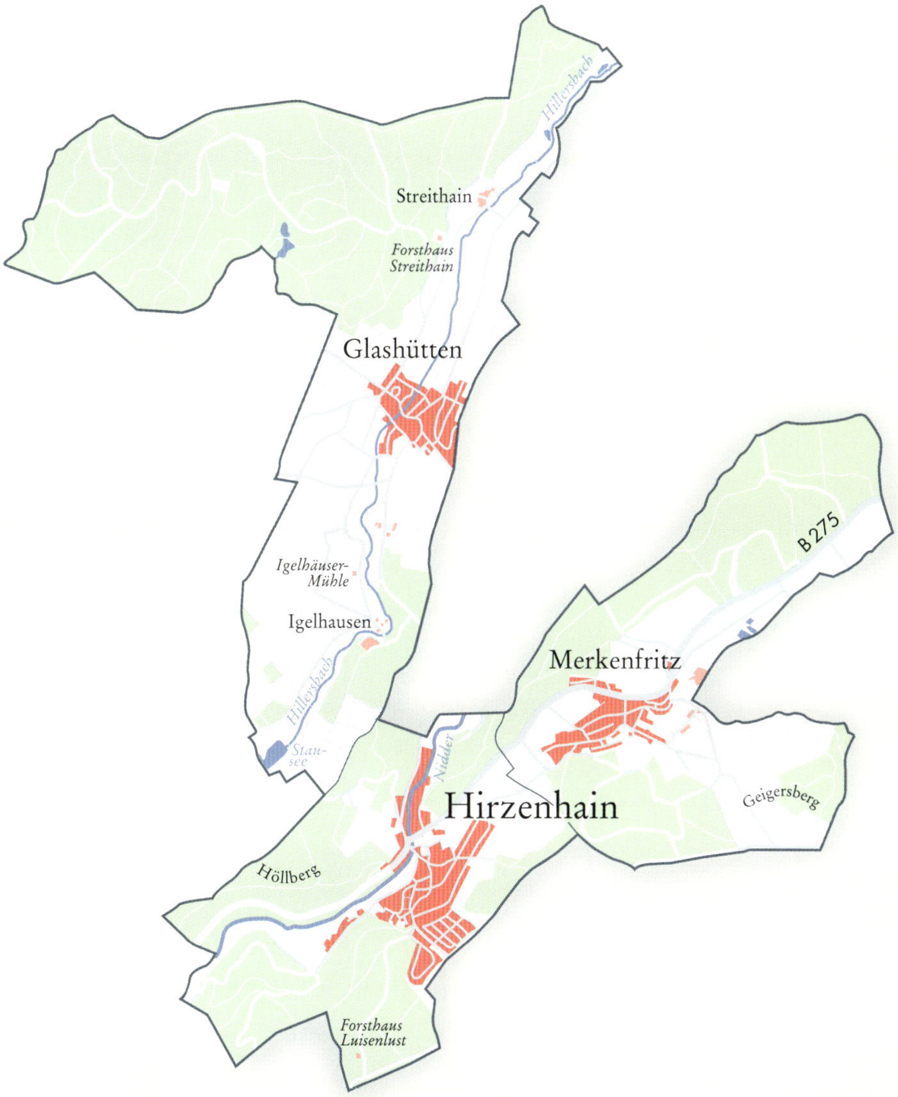

Ockstadt zu fährt, und auch von der Höhe östlich des Usatals über Friedberg sind sie auszumachen. In einer Mischung aus Barock und Jugendstil ist sie ein Beispiel für selbstbewußten Katholizismus inmitten der weitgehend protestantischen Umgebung der Wetterau. Die Ansätze zu neobarockem Prunk werden in Ockstadt durch die Strenge des Jugendstils geformt. Hochaltar und Kanzel sind Prachtstücke des Rokoko aus der Vorgängerkirche.

Die Stadt Nidda

Daß die Wetterau ein Durchgangsland ist, bekam sie besonders in der Zeit des Dreißigjährigen Krieges schmerzlich zu spüren. Gleich im dritten Kriegsjahr wurde sie von spanischen Truppen des Generals Spinola verwüstet, der Friedberg, Assenheim und Münzenberg einnahm. Kaiserliche, schwedische und französische Truppen haben in den nächsten Jahrzehnten die Region abwechselnd verwüstet. Hinzu kamen Seuchen wie die Pest, die alleine in Nidda 1800 Opfer forderte. Hier waren die hygienischen Verhältnisse besonders schlecht, weil die Bevölkerung der umliegenden Dörfer hinter den schützenden Stadtmauern Zuflucht gesucht hatte. 1200 von ihnen kamen um. Durch diese Not ließen sich die fürstlichen Herren allerdings nicht von ihrer Jagdleidenschaft abhalten und nutzten eine Kriegspause zu einer Sauhatz, zu der Landgraf Georg II. von Hessen-Darmstadt ausgerechnet nach Nidda einlud, wo 600 Stück Schwarzwild zur Strecke gebracht wurden. Vielleicht führte diese gewaltige Strecke aber auch dazu, die Bauern von der Last der Wildschäden zu befreien. Die Stadt Nidda gehörte seit 1604 zu Hessen-Darmstadt. Ihre mittelalterliche Wasserburg wurde von den Grafen von Nidda angelegt. Sie wurde später in ein Renaissanceschloß umgewandelt mit stilreinem Por-

116-1 Marienkirche in Hirzenhain, Kirche des ehemaligen Augustinerklosters
116-2 Der gotische Lettner mit Maßwerkbrüstung und Figurenschmuck trennt die Hallenkirche vom Chor, der einstigen Marienwallfahrtskapelle.
117-1 Holzfigur der Anna Selbdritt vom Anfang des 16. Jhs
117-2 Die weiße Madonna von Hirzenhain, eine unbemalte Kalksteinfigur mit feinem Ausdruck von 1430
117-3 Figuren im Chor der Marienkirche
117-4 Moderne Windkraftanlage neben herkömmlicher Tierhaltung in Glashütten

117-1

117-2

117-3

117

117-4

tal und Treppenturm. Auch der Niddaer Marktbrunnen ist eine Zierde aus der Renaissance ebenso wie das Portal im Krug'schen Haus neben dem Rathaus. Dieses ist ein klassizistischer Bau. Die Rundbogenfenster im Parterre und der Giebel weisen darauf hin, während der Haubendachreiter eher an das 18. Jahrhundert erinnert. Stadtrechte erhielt Nidda durch die Grafen von Ziegenhain, aber die prächtige Kirche wurde vom Landgrafen gefördert. Sie wurde kurz vor dem großen Krieg als erste hessische Saalkirche erbaut und zeigt an der Fassade schmale hohe Rechteckfenster und auf der Gegenseite einen merkwürdig gedrungenen Turm, im Innern aber eine kunstvoll gearbeitete Stuckdecke mit dem Wappen von Landgraf Ludwig V. und seiner Gemahlin. Auch die Unterseiten der Emporen tragen Stuck. Heute hat sich Nidda vor allem durch die von hochrangigen Autoren geprägte Leseveranstaltung „Nidda literarisch" einen Namen gemacht.

Die Stadt Butzbach

An dem Niddaer Jagdvergnügen nahm auch der Butzbacher Regent Philipp von Hessen - Darmstadt teil, der von 1609-43 in Butzbach residierte. Der Ausbau des landgräflichen Schlosses und die Anlage des Lustgartens mit seinen Wasserspielen konnten bereits vor dem Krieg abgeschlossen werden. Die mittelalterliche Markuskirche verdankt ihm mit Kanzel, Orgel und schließlich auch seinem Grabmal wertvolle Ausstattungsstücke. Bei Münster baute er das Schloß Philippseck in der geometrischen Form eines gleichschenkligen Dreiecks auch als Fluchtburg für die ländliche Bevölkerung. Von ihm ist heute nichts mehr zu sehen. Der Landgraf war künstlerisch und naturwissenschaftlich sehr interessiert, besaß eine umfangreiche Bibliothek und eine wertvolle Sammlung physikalisch-astronomischer Instrumente. In seinem Schloß richtete er eine Sternwarte ein, in der auch Johannes Kepler mehrfach Himmelsbeobachtungen anstellte. Der Landgraf starb eines sehr unnatürlichen Todes, denn ein ärztlich verordnetes Spiritusdampfbad explodierte und er erlag den erlittenen Verbrennungen. Butzbachs Altstadt um den dreieckigen Marktplatz vermittelt noch heute das Bild einer mittelalterlichen Kleinstadt. Von der Stadtbefestigung sind viele gut erhaltene Reste zu sehen, besonders schön in der Krachbaumgasse. Hier ist auch die Technik der Mauerverstärkung durch starke rundbogenüberspannte Pfeiler zu erkennen. Unter diesen Bögen entstanden die sogenannten Schwibbogenhäuser, von denen in der Mauerstraße noch einige erhalten sind. Sie machen sich malerisch aus, werfen aber ein bezeichnendes Licht auf die bescheidenen Wohnmöglichkeiten der Stadtarmut. Der besterhaltenste Stadtturm ist der Hexenturm mit Verlies nördlich der Markuskirche. Ein weiterer Turm wurde in das Solms-Licher Schloß einbezogen. Die Stadtmauer umzog den Stadtkern nahezu kreisförmig, außerhalb blieb das Hospital mit der noch erhaltenen Wendelinskapelle. Sie ist eine schmucke Saalkirche aus Fachwerk mit hohem Dach und spitzem Dachreiter. Die Form des Marktplatzes rührt von den drei Handelswegen her, die von ihm nach Friedberg, Gießen/Wetzlar und Lich/Münzenberg abzweigen. Das zünftige Gewerbe dominierten in Butzbach wie in Friedberg die Tuchmacher. Wie Friedberg so erlebte auch Butzbach im 14. Jahrhundert seine wirtschaftliche Blüte, und aus dieser Zeit stammt der Ausbau der romanischen Basilika zur gotischen Hallenkirche. Von 1321 datiert das Butzbacher Stadtrecht von Ludwig dem Bayern. Kompliziert waren die Herrschaftsverhältnisse in der Stadt, die sich durch zahlreiche Verkäufe von Besitzrechten ständig änderten. Die Falkensteiner bauten eine Burg, die den

Karben

Burg-Gräfenrode
Groß-Karben
Klein-Karben
Kloppenheim
Okarben
Petterweil
Rendel

119-1

Kern des späteren Landgrafenschlosses bildet. Wichtig ist, daß Landgraf Heinrich III. das Katzenellenbogener Erbe in Butzbach antrat und somit die Landgrafschaft Hessen mit Butzbach erstmals einen Fuß in das Gebiet der Wetterau setzen konnte. Schließlich kaufte sie auch noch den letzten nichthessischen Anteil an Butzbach von den Grafen von Solms. Das Solms-Braunfelser Amtshaus und das Landgrafenschloß sind heute noch wichtige städtebauliche Schwerpunkte in Butzbach. Im Solmser Schloß ist das Museum untergebracht. Als Nutzung des seit dem 19. Jahrhundert als Kaserne dienenden Landgrafenschlosses sind Gemeindebehörden vorgesehen. Zum geistlichen Zentrum um die Markuskirche gehört auch die Michaelskapelle, die als Beinhaus errichtet wurde, im Obergeschoß aber einen Andachtsraum besitzt. Da die Kapelle nach der Reformation auch als Mehlwaage diente, heißt das kleine anschließende Fachwerkhaus heute noch das Mehlwiegehäuschen. Die Griedeler Straße sowie die Wetzlarer Straße weisen noch viele gut erhaltene Fachwerkhäuser auf, aber die Krone gehört dem Rathaus am Markt, dessen Volutengiebel den Platz beherrscht. Aus der Erbauungszeit 1560 stammen allerdings nur noch die drei obersten Fachwerkgeschosse. Mit den anschließenden Häusern Markt 2 und 3 bildet es hinter dem Marktbrunnen ein oft fotografiertes Ensemble. Die vielfach geäußerte Vermutung, daß dieser Marktplatz Goethes Flüchtlingsepos Hermann und Dorothea zum Vorbild gedient habe, muß allerdings endgültig in den Bereich der Legende verwiesen werden. Der klugen Neutralitätspolitik Landgraf Philipps ist es zu danken, daß Butzbach während des Dreißigjährigen Krieges vor dem Schlimmsten bewahrt blieb, verstand er es doch, sich aus dem hessischen Bruderzwist zwischen Darmstadt und Kassel um das Marburger Erbe herauszuhalten. Nach seinem Tode ereilte die Stadt aber

119-1 Der Selzerbrunnen in Groß-Karben
120-1 Das ehemalige Deutschordensschloß in Kloppenheim aus dem frühen 18. Jh.
120-2 Die Ev. Kirche in Groß-Karben
120-3 Der Kirchhügel in Klein-Karben mit der Michaelskirche. Der Flankenturm der einstigen Kirchhofsumwehrung diente später als Spritzenhaus.
121-1 Die Oberburg der Herren von Karben in Burggräfenrode mit rundem Treppenturm aus dem 16. Jh. Das Mansarddach stammt aus dem 18. Jh.
121-2 Die Ev. Kirche in Rendel inmitten des Kirchhofs. Der Chor ist gotisch, Schiff und Dachreiter stammen aus dem 18. Jh.
121-3 Das Robert-Blum-Denkmal in Petterweil erinnert an den Abgeordneten der Frankfurter Paulskirche, der 1848 in Wien erschossen wurde. Auf Einladung von Pfarrer Flick hat er am 9.7.1848 in Petterweil eine Rede gehalten.

120-1

120-2

120-3

121-1

121-2

121-3

121

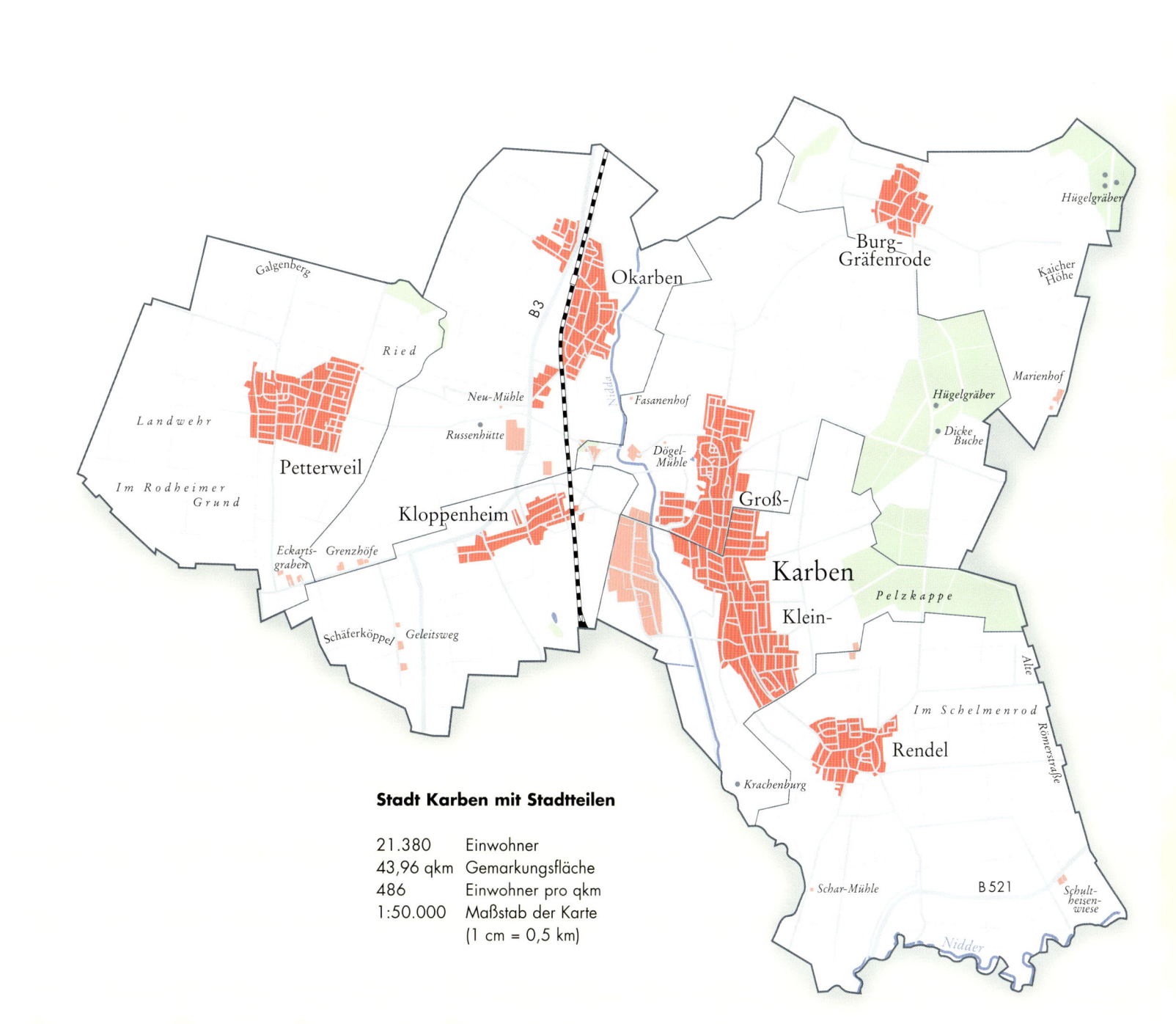

Stadt Karben mit Stadtteilen

21.380	Einwohner
43,96 qkm	Gemarkungsfläche
486	Einwohner pro qkm
1:50.000	Maßstab der Karte (1 cm = 0,5 km)

1643 doch noch das Schicksal der Plünderung, und da noch vieles vorhanden war, fiel sie besonders schmerzlich aus. Die Kriegsverluste für die Wetterau waren verheerend. Friedberg hatte noch 35 Jahre nach dem Westfälischen Frieden halb so viele Einwohner wie vor dem Ausbruch des entsetzlichen Mordens. Denn die Wetterau hatte auch im späteren 17. Jahrhundert noch immer zu leiden, als sie in die Devolutionskriege Ludwigs XIV. gegen die Niederlande gezogen wurde und von französischen Truppen des Marschalls Turenne besetzt war.

Die hessische Residenz Bingenheim

Neben Butzbach gab es vorübergehend noch eine weitere hessische Residenz in der Wetterau. In Bingenheim residierte 1648-81 mit Landgraf Wilhelm Christoph eine Nebenlinie der Landgrafen Hessen-Homburg. Auf ihn geht der Umbau der Burg zurück. Der mächtige viergeschossige Wohnturm der Kernburg erhielt in dieser Zeit seinen Treppenvorbau sowie größere Fenster. Sein Reiz sind die vier erkerartig vorkragenden Ecktürmchen. Dem Stil der Zeit entsprechend wurde mehr Wohnkomfort verlangt, denn fortifikatorisch hatten Burgen ohnehin ausgedient. Um sich gegen Kanonen zu schützen, bedurfte es aufwendiger Festungswerke, wie wir sie in Büdingen kennengelernt haben. Der Landgraf wohnte in Bingenheim im sogenannten Langen Bau, einem auf älteren Fundamenten errichteten schloßartigen Gebäude. In seine Regierungszeit fällt der traurige Höhepunkt der Hexenverfolgung in der Wetterau, die in dem volkstümlichen Roman „Die Hexe von Bingenheim" geschildert wird. Im 18. Jahrhundert wurde die Anlage, die heute eine sozialpädagogische Einrichtung beherbergt und der Öffentlichkeit nicht zugänglich ist, mit einer steinernen Brücke über den Wassergraben ausgestattet und

122-1 Historische Flaschen und Krüge des Selzerbrunnens im Heimatmuseum im Degenfeld'schen Schloß in Groß-Karben
122-2 Schloß der Freiherrn von Leonhardi im historisierenden Stil des 19.Jhs. mit Ecktürmchen und Zinnen
123-1 Der südöstliche Eckturm der Ringmauer um den Oberhof in Burggräfenrode, der sog. Lieselturm von 1563
123-2 Der modern gefaßte Ludwigsbrunnen in Groß-Karben
123-3 Die Beweinung Christi, 1772 in Sandstein gearbeitet, in Kloppenheim
123-4 Der Niddalauf bei Okarben, im Hintergrund der Treppengiebel des Lagergebäudes der ehemaligen Mühle

123-1

123-2

123-3

123

123-4

123

in der Vorburg das Amtshaus als Fachwerkbau sowie ein Fruchtspeicher hinzugefügt.

Die Herrnhuter auf der Ronneburg und im Haag

Durch den Dreißigjährigen Krieg waren die Bevölkerungseinbußen so stark, daß aufgeklärte Landesherren sich um Peublierung bemühten, wie es in der französisch geprägten Sprache der Zeit hieß. Waren sie wirklich aufgeklärt, d.h. in religiösen Fragen tolerant, dann öffneten sie ihre Landesgrenzen für Glaubensflüchtlinge, die aus vielen anderen Gegenden Europas vertrieben worden waren, vor allem aus Frankreich nach der Aufhebung des Toleranzediktes von Nantes durch Ludwig XIV. und aus Salzburg, wo der Erzbischof Untertanen protestantischer Konfession nicht länger duldete. Graf Ernst Kasimir von Isenburg-Büdingen war ein solch weltoffener Regent und bot allen, die sich „aus Gewissensskrupel oder aus Überzeugung" von ihren Kirchen abwandten, in Büdingen eine Chance, allerdings wurde ausdrücklich verlangt, daß sie „ehrbar, sittsam und christlich leben". Durch seine Frau Christina von Stolberg-Gedern war er mit dem Pietismus des Frankfurter Stadtpfarrers Philipp Jakob Spener in Berührung gekommen. Spener hatte mit seiner Schrift „Pia desideria oder herzliches Verlangen nach gottgefälliger Besserung der wahren evangelischen Kirche" zur Gründung von Collegia pietatis aufgerufen, privaten Zirkeln, in denen Männer und Frauen aller sozialer Schichten sich zur gemeinsamen Bibellektüre und Auslegung der Texte versammeln sollten, um so abseits der Amtskirche zu einem lebendigeren Christentum der Tat zu gelangen. Das Büdinger Freiheitsedikt machte das Isenburger Land bald zu einem Geheimtip für allerlei Sektenmitglieder und Schwärmer, Erweckte und Inspirierte, Separatisten und Chiliasten. Schon kurz vorher waren in Himbach und Marienborn inspirierte Gemeinden entstanden, deren Mitglieder begeistert von ihrer ganz privaten Erweckung erzählten und ihre Glaubenserfahrung weitertrugen, was oft aber die Nachbarschaft belasten konnte und zu Reichskammergerichtsprozessen gegen den toleranten Büdinger Regenten führte. Der pietistische Graf Nikolaus Ludwig von Zinzendorf war mit seiner Brüdergemeine aus Sachsen vertrieben worden und fand in Büdingen eine neue Heimat. 1736 fand in Marienborn eine Herrnhuter Synode statt, die die Übersiedlung aus Herrnhut in der Lausitz in das Isenburgische Land vorbereitete. In Herrnhut hatten die einst böhmischen Brüder, eine aus Österreich vertriebene hussitische Sekte, auf den Gütern des Grafen eine Brüderunität gebildet, die weltweit missionierte und sich durch eine frühchristliche Gütergemeinschaft auszeichnete. In der Wetterau fanden sie zuerst Zuflucht auf der Ronneburg. Diese wunderschön in Gipfellage über der südlichen Wetterau thronende Burg war im 15. Jahrhundert schloßartig umgebaut worden, hat ihren Burgcharakter aber bis heute bewahrt und ist ein beliebtes Ausflugsziel, das auch mittelalterliche Ritterspiele, Handwerkermärkte und Konzerte bietet. Der Innenhof der Hauptburg wird von vier Gebäudekomplexen umrahmt und vom runden Bergfried aus dem 13. Jahrhundert überragt. Seine mit vier Erkern ausgestattete Flachkuppel stammt aus der Zeit des Schloßumbaus. Gerlach II. von Büdingen, der erste Landvogt der Wetterau, hatte die Burg errichtet. Später kaufte sie das Erzbistum Mainz, das sie von Amtleuten verwalten ließ. Als Dank für die Unterstützung in der Mainzer Stiftsfehde überließ Erzbischof Dieter von Ysenburg die Ronneburg 1476 seinem Bruder Graf Ludwig II. Dessen Sohn Philipp begründete dann die Linie Ysenburg-Ronneburg, die von 1523-

125

Kefenrod

Kefenrod
Bindsachsen
Burgbracht
Helfersdorf
Hitzkirchen

125-1

1601 bestand. Sein Sohn Anton leitete die umfänglichen Schloßumbauten ab 1523 ein, die sich über 60 Jahre hin erstreckten. Der äußere Torbau und die steinerne Brücke zur Kernburg anstelle der mittelalterlichen Zugbrücke stammen aus dieser Bauphase, der 84 Meter tiefe Brunnen allerdings noch aus der Erbauungszeit der Burg. Er kann ausgeleuchtet werden, so daß der lange Weg eines Wassergusses von oben zu verfolgen ist.

Über dem tunnelartigen Zugang zum malerischen Innenhof erhebt sich der sog. Zinzendorfbau mit dem Herrnhuter Betsaal. Dieses Haus trägt sowohl zum Hof hin als auch nach außen sehr schöne Renaissanceerker. Der Palas der Burg wurde nur unwesentlich verändert. Mit seinen steilen Giebeln wirkt er noch gotisch. Im Untergeschoß befindet sich die Hofstube mit einer steinernen Mittelsäule, die ein schönes Sterngewölbe stützt, im Obergeschoß ein Saal mit einem nach außen vorkragenden Erker, dem sog. Chörlein. Auch der Kemenatenbau im Norden zeigt zum Hof schöne Erker und im Innern in den Herrengemächern behagliche Wohnkultur mit Kamin, schönen Rippengewölben und Wandmalerei aus der Zeit der Renaissance. Als die Burg im 18. Jahrhundert leer stand, stellte sie Graf Kasimir I. ab 1712 Glaubensflüchtlingen zur Verfügung. Von der Ronneburg aus betrieb Zinzendorf dann die Mustersiedlung der Brüdergemeine in Herrnhaag, wo er Land kaufte und die großzügigen Barockbauten errichten ließ, in denen zeitweise 1000 Mitglieder der Gemeine im Bruder- bzw. Schwesternhaus untergebracht waren. Um einen quadratischen Platz waren die Wohn- und Arbeitsgebäude der Lebensgemeinschaft planmäßig in sog. Chören angeordnet. In der Mitte des Platzes befindet sich als Symbol des Lebens der Brunnen, einst in einem Brunnenhaus mit kunstvoller Uhr und Glockenspiel. Bereits 12 Jahre nach der Gründung standen in Herrnhaag 17 Gebäude, ein

125-1 Die Landwirtschaft ist beschwerlich im Vogelsberg. Gerstenfeld vor drohender Regenfront.
126-1 Heuballen bei Bindsachsen
127-1 Blick auf die Ev. Kirche in Bindsachsen mit dem gedrungenen und mit Schießscharten bewehrten Kirchturm aus dem 15. Jh.
127-2 Kirche in Burgbracht mit dem Isenburger Wappen über dem Eingang

126-1

Gemeinde Kefenrod mit Ortsteilen

3.016	Einwohner
30,66 qkm	Gemarkungsfläche
98	Einwohner pro qkm
1:50.000	Maßstab der Karte (1 cm = 0,5 km)

127

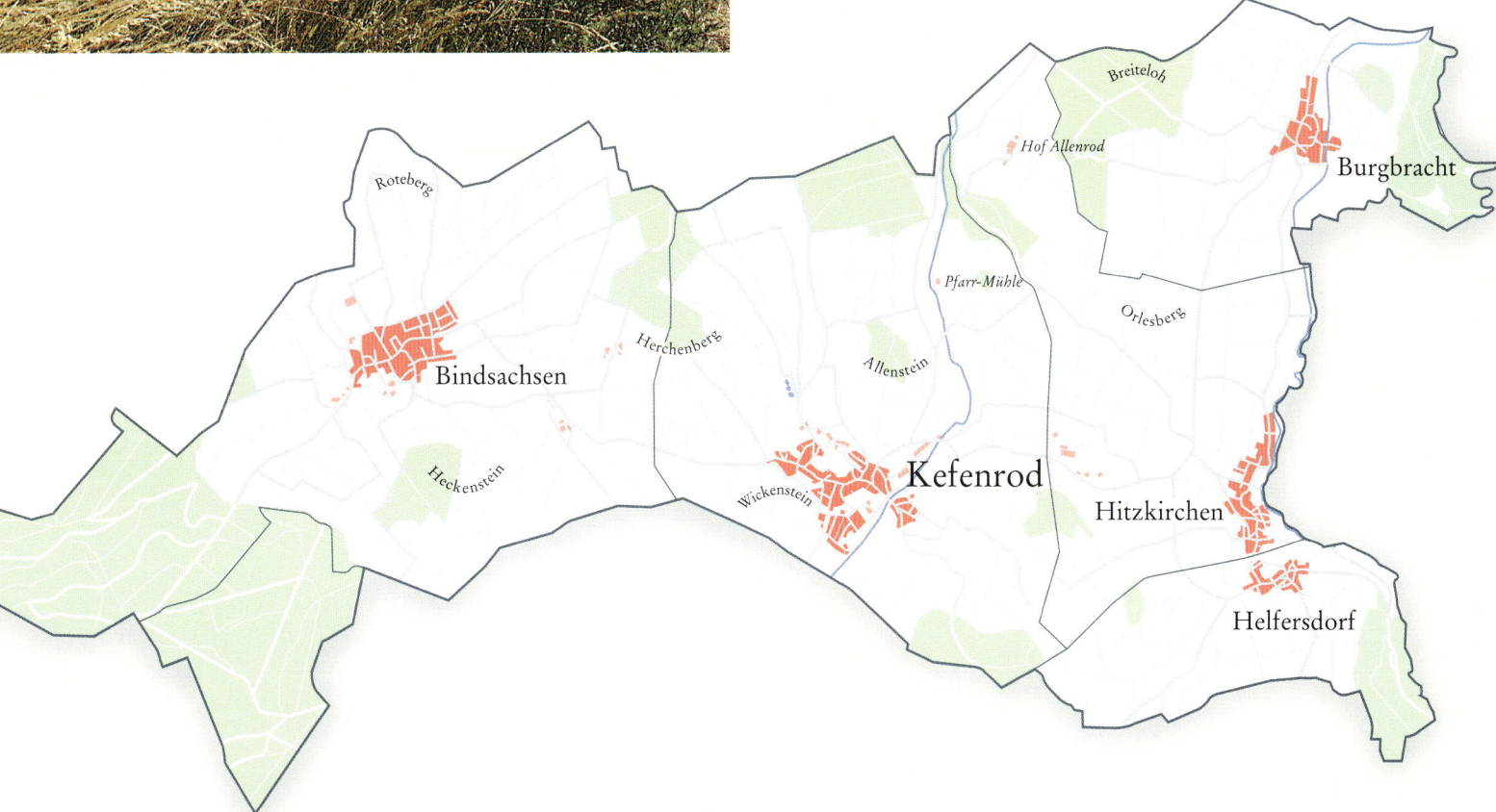

127-1

127-2

Ausdruck für die gewaltige Investition des Grafen und den Fleiß seiner Gemeinschaft. Das Brüderhaus für ledige Männer ist erhalten, ein teilweise verschindelter Fachwerkbau mit Küppelwalmdach. Auch das Haus der ledigen Schwestern, das Jungfernhaus, gibt es noch. Es wird von einem barocken Mansarddach geziert. Die Fassade zum Platz hin ist identisch mit der des benachbarten Wohnhauses des Grafen Zinzendorf, der Grafen- oder Lichtenburg. Dieses Gebäude ist eine Vierflügelanlage mit einem großen Kirchensaal, dessen holzgewölbte Decke in das Mansardgeschoß ragt. Der Name Lichtenburg weist auf die Erleuchtung der Gemeine hin. Im östlichen Teil der Anlage ist noch das ehemalige Gemeindelogis erhalten, in dem Fremde untergebracht wurden, die das Leben der Brüdergemeine kennenlernen wollten. Besonders eindrucksvoll ist der Friedhof nördlich im Hanggelände, von dem noch einige wenige Bestattungen erhalten sind. Die für die Herrnhuter typische Grabanordnung lag in der Bestattung nach Chören, d.h. nach Geschlechtern getrennt, nicht nach Familien. Die Gemeinde war so organisiert, daß der Erlös aus ihrem Gewerbe in einen Gemeindekasten floß und der Lebensunterhalt für alle aus dieser Kasse bestritten wurde. Es gab weder Privathaushalte noch Privatvermögen. Da die Produktion der geschickten Handwerker aber außerhalb der Büdinger Zunftwirtschaft lief, kam es bald zu Schwierigkeiten mit der Stadtbevölkerung. Auch die ländliche Umgebung des Herrnhaag klagte über die andersartigen Lebensgewohnheiten der Brüder und Schwestern, die eine Fülle von religiösen Feiertagen einhielten, von denen ihre Umgebung keine Notiz nahm. Kurzum die Toleranz des Grafen wurde zu einer Belastung für sein Land, und so entschloß sich Zinzendorf nach 14 Jahren Aufenthalt zur Auswanderung nach Amerika. Die Barockanlage Herrnhaag war 1753 bereits wieder verwaist. Ein ge-

128-1 Moderne Landwirtschaft in Burgbracht
128-2 Mühle in Hitzkirchen
129-1 Blick auf Helfersdorf
129-2 Die besterhaltenste Wehrkirche mit ummauertem Kirchhof und Schießscharten im Turm steht in Hitzkirchen und stammt aus dem 15. Jh.
129-3 Kirche in Kefenrod mit hohem Haubendachreiter
129-4 Blick auf Kefenrod

129-1

129-2

129-3

129

schickter Möbelbauer, David Roentgen, ist in der Kolonie Herrnhaag als Sohn eines Schreiners geboren worden. Von seiner Manufaktur in Neuwied aus belieferte er später die Höfe des Ancien régime mit seinen Spitzenprodukten.

Die Saline in Nauheim

Hatten die Darmstädter Landgrafen in Butzbach Fuß gefaßt, so kamen die Vettern aus Kassel über das Hanauer Erbe in den Besitz der Saline in Nauheim. Hier waren schon seit der Keltenzeit Salzpfannen in Betrieb. Die neuen Landesherren nahmen sich der Anlage an, und Landgraf Wilhelm VIII. genehmigte die Ausbaupläne des rührigen Obersalzgreben Jakob Siegmund Waitz zu Eschen, durch die Nauheim zu einer der modernsten Salinen der Zeit wurde. Waitz zu Eschens Grundidee war, die niedrigprozentige Sole nicht durch Sieden alleine zur Salzgewinnung zu nutzen, was einen erheblichen Energiebedarf bedeutete und die Taunuswälder ruinierte, sondern mittels der Gradiertechnik die Sole vor dem Sieden höher zu konzentrieren, so daß der Siedevorgang schneller geht. Dazu wurden Holzgerüste gebaut und mit Schwarzdornreisern gefüllt. Über diese künstlichen Hecken rieselte die Sole. Das Wasser verdunstete zum Teil, so daß etwa zwanzigprozentige Sole am Fuß der Gradierwände wieder aufgefangen werden konnte. Um das Wasser auf die hohen Gradierwerke zu pumpen, konstruierte der Salzgraf große Wasserräder an der Usa. Am Ludwigsbrunnen im Neuen Park dreht sich heute noch eines, ohne allerdings eine Pumpe zu betreiben. Damit der Wasservorrat der Usa auch im Sommer für den Pumpenbetrieb stets ausreiche, ließ Waitz einen Teich als Reservoir ausheben, den Heinrich Siesmayer später als Großen Teich in seine Kurparkkonzeption aufnahm. Er wurde in den letzten Jahren aufwendig saniert und erhielt eine breite Uferzone. Windmühlen unterstützten ebenfalls die Wasserförderung. Der Waitzsche Turm und der Turm in der langen Wand im Süden Bad Nauheims sind solche Windmühlentürme. Nicht genug damit, auch die Energie der wenige Kilometer weiter östlich fließenden Wetter wurde genutzt. Das Schwalheimer Rad mit fast 10 Metern Durchmesser trieb ein 886 Meter langes Kunstgestänge, das über die Höhe zwischen Wetter- und Usatal führte, die heutige Main-Weserbahn und die Bundesstraße unterquerte – die Tunnel gibt es noch – und ebenfalls eine Pumpe an einem Nauheimer Gradierbau bediente. Dank dieser aufwendigen Technik von schließlich 23 Gradierwerken wurde Nauheim zu einer der leistungsfähigsten deutschen Sudsalinen. Die Reste dieser Technik stehen heute weit voneinander entfernt und bilden keinen Zusammenhang mehr, sind aber noch immer Ausdruck aufgeklärter Ingenieurleistung des 18. Jahrhunderts. Alleiniger Werkstoff für solche Bauten im vorindustriellen Zeitalter war das Holz. Der Salinenbetrieb war in der heutigen Kurstraße angesiedelt, bis er in die Jugendstilfabrik am Goldstein umzog. Der Betsaal der Salinenarbeiter ist in dem langgestreckten Haus mit Mansaddach Kurstraße 27 erhalten. Das benachbarte Haus Nr. 29 war das Dienstgebäude der Salinenverwaltung. Der Badebetrieb begann in Nauheim 1823, als für die Salinenbelegschaft ein erstes Bad zur Linderung ihrer Rheumaleiden eingerichtet wurde.

Das Bad Salzhausen

Sofort zogen die Darmstädter Vettern nach und nutzten die Salzlauge der Saline in Salzhausen 1824 für Kurbadezwecke. Auch hier war bereits seit dem Mittelalter Salinensalz gewonnen worden. Die Förderung der Sole erfolgte durch Pumpen, die mittels eines Kunstgestänges von

131

Limeshain
Hainchen
Himbach
Rommelhausen

einem Wasserrad angetrieben wurden. Die Besonderheit in Salzhausen ist, daß das Rad 2,5 Kilometer entfernt in Kohden an der Nidda lief. 1863 wurde ein Wasserrad aus Schwalheim in den Kurpark übertragen, das neuerdings restauriert und mit Kunstgestänge wieder in Betrieb gesetzt wurde. Aus der Zeit der Salzgewinnung stammt der langgestreckte Bau Kurhausstraße 4-8 mit zwei Hofeinfahrten. Flankiert wird er von zwei schönen Pavillons mit Mansarddach und Gauben. Das ehemalige Verwaltungsgebäude der Saline ist in der Quellenstraße erhalten. Wegen seines Glockentürmchens auf dem Mansarddach heißt es der Glockenbau. Als Siedesalz im Vergleich zum Steinsalz nicht mehr wettbewerbsfähig war, stellte die hessische Regierung den Ort auf Badebetrieb um. Justus Liebig untersuchte im Auftrag des Großherzogs die Qualität des Wassers. Sein ehemaliges Laboratorium ist heute die evangelische Kapelle. Der Darmstädter Architekt Georg Moller legte 1827 die Kurallee an. Südlich von ihr entstand ein Kurpark im Stile des englischen Gartens. Auch das schloßartige Kurhaus und der Tanzsaal sind als klassizistische Bauten Mollers zu erkennen. Rundbogenfenster und eine reizvolle Pergola schmücken das Gesellschaftshaus. Das Fachwerkgebäude des Badehauses stammt aus Bad Nauheim und wurde 1907 hier wieder aufgebaut. Auch der Bahnhof etwas oberhalb im Wald gelegen ist ein Fachwerkhaus von der Jahrhundertwende. Die Verglasung der Wartehalle paßt sich stilvoll in die Fachwerkkonstruktion ein. Dieser kleine Kurstadtbahnhof mit seiner Bedürfnisanstalt in Fachwerkbauweise und einem gußeisernen Trinkbrunnen spiegelt die idyllische Atmosphäre des schönen Badeortes, der wie kein anderer in seiner Abgeschiedenheit den Charme der Biedermeierzeit erhalten hat und heute als Erholungsort für ältere Menschen sehr beliebt ist.

131-1 Die Kirche in Rommelhausen
132-1 Der Kaiser-Barbarossa-Brunnen in Rommelhausen
132-2 Im Wald bei Rommelhausen ist der Limes auf weite Strecken als Erdwall gut erhalten. Ein Stück wurde als Palisadenzaun rekonstruiert.
133-1 Bereits für die Römer war die Wetterau eine Kornkammer. Das gilt heute auch noch, wie die Getreidesilos in Rommelhausen beweisen.
133-2 Das schöne Fachwerkrathaus in Himbach mit Uhrendachreiter
133-3 Die Ev. Kirche in Hainchen mit zweistöckigem Haubendachreiter

132-1

132-2

133-1

133-2

133-3

133

Gemeinde Limeshain mit Ortsteilen

5.595	Einwohner
12,52 qkm	Gemarkungsfläche
447	Einwohner pro qkm
1:50.000	Maßstab der Karte (1 cm = 0,5 km)

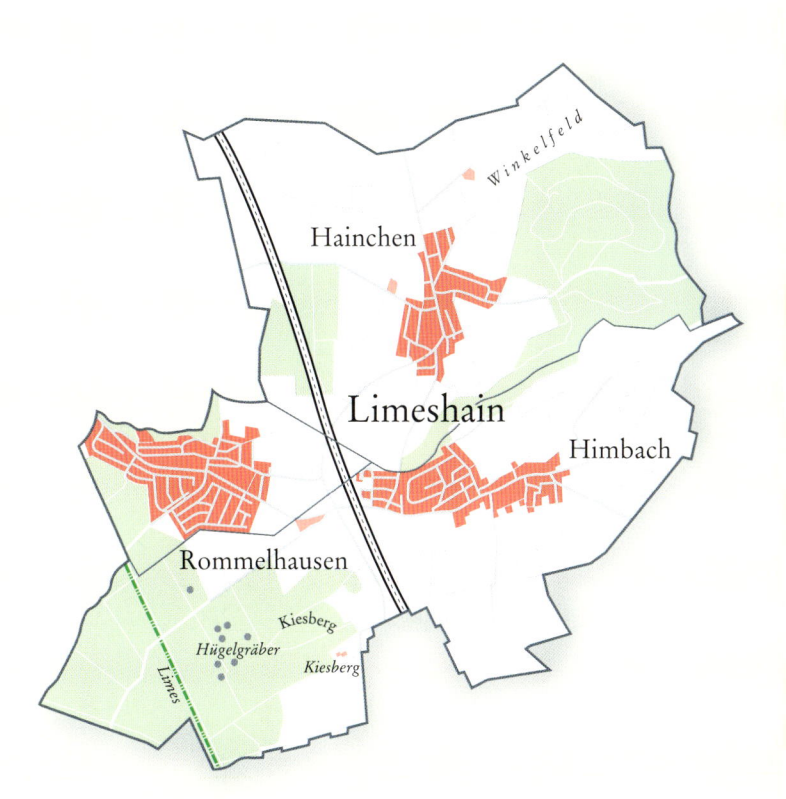

Die Brunnenstadt Bad Vilbel

Das dritte Bad der Wetterau hat eigentlich nur aus der Römerzeit ein bedeutendes Kunstwerk hinterlassen, das Vilbeler Fußbodenmosaik einer römischen Heiltherme. Der Mineralbrunnen befindet sich seit 1872 in Privatbesitz und bildet bis heute die Grundlage einer florierenden Getränkeindustrie. Ein 1900 erbohrter neuer Brunnen erhielt zwar die Qualifikation einer Heilquelle, aber einen Kurbetrieb gab es nicht. Das Kurhaus stellt eher eine Verlegenheitslösung dar. In der Weltwirtschaftskrise hatte die Stadt von einer bankrotten Betreibergesellschaft das aus der Arbeiterbewegung stammende Volkshaus übernommen und so umgebaut, daß Heilbäder möglich waren. Es ist ein Bürgerhaus mit angegliedertem Badebetrieb. Auch ein kleiner Park wurde am Niddaufer angelegt. Das schönste Bäderaccessoire ist der Friedrich-Karl-Brunnen, ein Monopteros mit einer weiblichen Figur aus Carraramarmor. Die Fassung der Hassiaquelle bildet eine nach oben geöffnete runde Pfeilerhalle von Putten umstanden, die die heilende Wirkung des Mineralwassers symbolisieren. Beide Brunnen stammen aus den Jahren unmittelbar vor dem 2. Weltkrieg. Die geologischen Voraussetzungen für die zahlreichen Wetterauer Mineralbrunnen liegen in der Taunusrandverwerfung, durch die unterirdischen Wasserströmen Fließwege an die Oberfläche geöffnet werden. Der Salzgehalt des Wassers rührt aus dem Meer, das sich im erdgeschichtlichen Zeitalter des Perm in Mitteldeutschland erstreckte. Unter dem viel später als Vulkan tätigen Vogelsberg fließt die Lauge nach Westen und wird dabei aufgewärmt und mit Kohlensäure angereichert, bis sie durch die harten Quarzitschichten des Taunus zum Aufsteigen gezwungen wird. Sie steigt aber nicht nur massiert in Sprudeln zu Tage wie in Bad Vilbel, Karben, Rosbach, Schwalheim und Bad Nauheim,

134-1 Dorfbrunnen in Himbach
134-2 Schmuckvolles Fachwerk mit dem charakteristischen Wilden Mann im 1. Stock und mit Rauten und Gittern gefüllten Brustfeldern in der Ronneburger Straße in Himbach
135-1 Taunusstraße in Himbach
135-2 Verschindeltes Haus in Himbach

135-1

135-2

135

sondern auch in Sumpflachen wie in den Münzenberger und Wisselsheimer Salzwiesen. Hier entwickelte sich, einmalig in Europa, eine ganz eigene Salzflora, die unter Naturschutz steht. Gewöhnlichen Pflanzen ist wegen des hohen Salzgehaltes des Wassers der Lebensraum entzogen, aber Salz- und Meerbinse sowie der Strandwegerich gedeihen hier.

Das Kurbad Nauheim

Doch zurück zu den Anfängen des Bades in Nauheim. Nachdem im neuerbauten Kur- und Badehaus 1835 der Solbadebetrieb zunächst zur Rheumatherapie begonnen hatte, ging es Schritt für Schritt voran. 1837 ließ sich mit Dr. Fritz Bode der erste Badearzt nieder. Er wollte verschiedene Badehäuser durch einen Sprudel versorgen lassen und veranlaßte Bohrungen, zunächst ohne Erfolg, bis dann am 22. Dezember 1846 in einer Orkannacht bei niedrigem Luftdruck plötzlich der Sprudel ausbrach. 1854 verlieh Kurfürst Friedrich Wilhelm von Hessen-Kassel dem Dorf Nauheim die Stadtrechte, ein Jahr zuvor schon hatte er dem Pariser Unternehmer Viali die Errichtung einer Spielbank genehmigt, so weit hatte sich der Ort zu einem gesellschaftlichen Zentrum entwickelt. Die Freude am Roulette währte allerdings nicht lange, denn bereits 18 Jahre später mußte der Spielbetrieb aufgrund eines Gesetzes des Norddeutschen Bundes wieder eingestellt werden. Die Angst vor der demoralisierenden Wirkung des Glücksspiels war groß. Vor allem ausländische Kurgäste sahen sich nun um eine Attraktion des Bades betrogen. Durch den Aufenthalt Bismarcks 1859 hatte sich nach und nach die Prominenz eingestellt. Inzwischen hatte Heinrich Siesmayer den schönen Kurpark als englischen Garten angelegt, dessen Kosten von der Spielbank gedeckt worden waren. Die weiteren Geschicke des Weltbades sind mit der Regierung in Darmstadt verknüpft, denn 1866 fiel die Kasseler Enklave in Oberhessen an Darmstadt, obwohl es im Deutschen Krieg auf der Seite der österreichischen Verlierer gestanden hatte. Der Schwager des Großherzogs, Zar Alexander II., ließ seinen Berliner Onkel Wilhelm I. wissen, daß er den Erhalt der Provinz Oberhessen für Darmstadt wünsche. Anläßlich seines ersten Besuches 1869 verlieh Großherzog Ludwig III. dem Ort den Titel Bad. Die Gründerjahre bescherten Bad Nauheim einen Bauboom, der den Charakter der Parkstraße und der eleganten Kurve der Ludwigstraße heute noch prägt. In den Jahren vor dem 1. Weltkrieg erlebte das Bad seine höchste Blüte. Ärzte wie Adolf Beneke erwiesen die Heilkraft der Bad Nauheimer Anwendungen für Herz- und Kreislauferkrankungen, und zunehmend adlige Prominenz wählte die Kur am Taunusrand. 1898 stieg Kaiserin Elisabeth von Österreich, Sissi, unter dem Decknamen Gräfin von Hohenembs in der Villa Kracht ab. Das Inkognito konnte aber nicht verhindern, daß ihr das deutsche Kaiserpaar seine Aufwartung machte. Die von Depressionen geplagte Frau betonte zwei Tage vor ihrer Abreise Großherzog Ernst Ludwig gegenüber ihre Todessehnsucht. Wenige Tage nach ihrer Abreise aus Bad Nauheim wurde sie in Genf Opfer eines Attentates. Als die russische Zarenfamilie 1910 von ihrer Ferienresidenz im Friedberger Schloß der Darmstädter Verwandten aus acht Wochen kurte, nutzte sie bereits das Fürstenbad der neuen Jugendstilanlage. Der rasante Aufschwung des Bades hatte Neubauten unerläßlich gemacht. Die Gästezahlen stiegen von 3000 im Jahre 1866 auf 24000 im Jahre 1903. Der Darmstädter Regierungsbaumeister Wilhelm Jost wurde in diesem Jahr mit der Bauleitung beauftragt und entwarf ein großzügiges Gesamtkonzept im Jugendstil, das von Großherzog Ernst Ludwig begeistert unterstützt wurde. 1905 begannen die

Münzenberg

Münzenberg
Gambach
Ober-Hörgern
Trais-Münzenberg

Arnsburg

137-1

Bauarbeiten. Um den Sprudelhof gruppieren sich hinter einer Arkade die Badehäuser mit ihren wertvoll ausgestalteten Wartehallen und reizvollen Schmuckhöfen, in denen sich der Kurgast im Anblick der schön geformten Bauplastik, aber auch an Glasmalerei, Majolika und Kacheln entspannen kann. Immer wieder anzutreffendes Motiv ist das Wasser. Die Bedeutung Bad Nauheims liegt einmal in der Gesamtkonzeption, die vom Kurhaus jenseits des Parks über den Sprudel, den Bahnhof bis hinauf zu den Wirtschaftsgebäuden am Goldstein reicht, aber auch in den von Jost liebevoll gestalteten Details bis hin zum Jugendstildekor der Türklinken und Besetztschildchen an den Badekabinen. Die Mitglieder der Darmstädter Künstlerkolonie waren ebenfalls als Designer in Bad Nauheim tätig, so Heinrich Jobst am Sprudel und im schönsten der Schmuckhöfe, dem von Badehaus 7 mit seiner warmen Terrakottaverkleidung. Auch das Kurhaus, das Kurtheater und die vorgelagerte Terrasse zum Park wurden von Jost neu gestaltet bis hin zur Gärtnerei am nordwestlichen Kurparkrand. Mit dem Maschinenhaus, der Dampfwäscherei und der neuen Saline bewies Jost, daß Jugendstilschmuckformen nichts ästhetisch Abgehobenes sind, sondern Alltagskunst, die auch die Umgebung der arbeitenden Bevölkerung verschönern soll. Die kupfergedeckten Schornsteinhauben der Zweckbauten korrespondieren optisch über den Bahnhof hinweg mit den Türmen der Verwaltungsgebäude am Sprudelhof und machen die Bad Nauheimer Architektur zu einem einmalig geschlossenen Ganzen. Den letzten Glanzpunkt setzte Jost mit der Trinkkuranlage, in deren Konzertmuschel am 18. Mai 1911 das erste Kurkonzert erklang.

Die Eisenindustrie in Hirzenhain

Hatte Nauheim im 18. Jahrhundert mit der Technik eines Waitz von Eschen sei-

137-1 Der Hattsteiner Hof in Münzenberg, barockes Herrenhaus aus dem 18. Jh. mit Mansarddach und Dreiecksgiebel. Der runde Treppenturm gehört zu einem Gebäude nebenan aus dem 16. Jh.
138-1 Blick über die Dächer von Münzenberg. Das Wahrzeichen ist der schief gezogene Kirchturm der Ev. Kirche.
138-2 Blick über die Dorfstraße auf die Kirche in Gambach, deren dreifach gestaffelter Haubenhelm zu den schönsten der Wetterau zählt.
138-3 Eine der ältesten Kirchen der Wetterau steht in Trais-Münzenberg. Die romanischen Obergadenfenster des Schiffes und die halbverdeckten gekuppelten Schallarkaden des Turmes weisen auf eine Entstehungszeit um 1100.
139-1 Das Rathaus in Münzenberg, im Hintergrund die Burg
Der Massivbau trägt ein Fachwerkobergeschoß mit einem auf vier Bügen ruhenden Erker zum Marktplatz hin.
139-2 Der Galgen von Münzenberg, ein einmaliges Denkmal einer historischen Gerichtsstätte

138-1

138-2

138-3

139

139-1

139-2

Stadt Münzenberg mit Stadtteilen

5.643	Einwohner
31,62 qkm	Gemarkungsfläche
178	Einwohner pro qkm
1:50.000	Maßstab der Karte (1 cm = 0,5 km)

ne Salineninindustrie modernisiert, so setzte zur gleichen Zeit im Vogelsberg der Industrielle Johann Wilhelm Buderus den Grundstein für sein späteres Lebenswerk. Der Pächter der Friedrichshütte bei Laubach erschloß weitere Erzvorkommen und konnte so die Produktion des Stolbergischen Eisenhammers in Hirzenhain im Niddertal steigern. Schon im Mittelalter gab es hier eine Waldschmiede, später ein Bergwerk und eine Eisenhütte in der Hand eines Augustinerchorherrenstiftes, nach der Reformation stolbergisch. Die Firma Buderus baute hier einen ersten Hochofen und verleibte das Werk Hirzenhain 1869 ihrem Bergwerks- und Hüttenimperium an Lahn und Dill ein. Heute zeugt das Museum von der Kunstgußtradition des Ortes. Das erwähnte Augustinerchorherrenstift war von Eberhard von Eppstein zur geistlichen Betreuung einer Marienwallfahrt gegründet worden. Die spätgotische Wallfahrtskirche wurde der Chor der Augustiner, während für die Pilger und die Gemeinde eine stattliche Halle als Langhaus dazu gebaut wurde. Sie ist quadratisch und stützt ihr Kreuzrippengewölbe auf vier Achteckpfeiler. Ein außergewöhnlich schöner Lettner trennt die beiden Kirchenräume. Durch seine fünf Bögen gestattet er aber vielfältige Durchblicke. Nach oben wird er durch eine feingliedrige Maßwerkbrüstung abgeschlossen. In den Bogenzwickeln befinden sich Rundmedaillons mit Reliefs aus dem Marienleben. Eins davon zeigt einen Hirsch als Hinweis auf den Namen des Ortes Hirzenhain. Auch die vier Lettnerpfeiler tragen plastischen Schmuck. Von gleicher Hand stammt auch die meisterliche Madonna aus weißem Kalkstein.

Die Adelsrepublik der Kaiserlichen Burg Friedberg

Während also im 18. Jahrhundert technische Innovation und industrielle Anfän-

140-1 Häuserzeile in Ober-Hörgern
140-2 Kaminwangen und eindrucksvolle Viererarkade am staufischen Palas der Burg Münzenberg
140-3 Fachwerkhäuser im Steinweg in Münzenberg
141-1 Die Nutzung des langgestreckten Massivbaus mit Fachwerkobergeschoß aus dem Jahr 1565 im Steinweg in Münzenberg ist als Hospital überliefert.
141-2 Die Altstädter Pforte ist der Rest der Befestigung der südlich der Burg gelegenen Burgmannensiedlung, der sog. Altstadt von Münzenberg.
141-3 Verbotsmal am Feldweg nach Ober-Hörgern. Die Inschrift lautet: Verbotener Weg, zu gehen bei 30 (Kreuzer), zu Reiten bei 45, zu fahren bei 1 (Gulden) 30.
141-4 Blick auf Münzenberg. In der Burg sieht man links den Giebel des gotischen Falkensteiner Palas, rechts die Ruine des romanischen staufischen Palas. Das längliche Burgoval wurde von zwei Bergfrieden geschützt.

141-1

141-2

141-3

141

141-4

ge Platz greifen, existiert in der Friedberger Burg noch immer die mittelalterliche Adelsgenossenschaft, die beweist, daß das Zeitalter des Feudalismus noch nicht zu Ende ist. Die Regierung dieses Adelsstaates mit seinem Territorium im ehemaligen Freigericht Kaichen bildet der Burggraf und das aus weiteren 12 Burgmannen bestehende Burgregiment, wie es die Wappenanordnung am St. Georgsbrunnen zeigt. Die Wahl des Burggrafen erfolgte durch die Burgmannen. Seit der Reformation wurde dabei auf konfessionelle Parität geachtet. Im Zeitalter des Barock, das Wert auf Formen und Titel legte, gereichte es niederadligen ritterschaftlichen Familien zur Ehre, ihre Mitglieder mittels einer Ahnenprobe als Burgmann in des Kaisers und des Heiligen Römischen Reiches Burg Friedberg aufschwören zu lassen. Den Privilegien dieses Adelsverbandes fügte Kaiser Joseph II. ein weiteres hinzu, indem er exklusiv für die Friedberger Burgmannschaft den St. Josephsorden stiftete, um ihre Reichstreue zu belohnen. Die adligen Burgmannen mußten sich an Stelle der vom Zusammenbruch bedrohten gotischen Burgkirche für einen Neubau entscheiden, der 1782 begonnen, aber erst 1808 vollendet wurde, als es die Burg verfassungsrechtlich als eigenes Territorium in Friedberg gar nicht mehr gab. Der kreuzförmige quergelagerte Bau wurde von Franz Ludwig von Cancrin geplant und von Wörrishofer vollendet. Aus dem wappengeschmückten Dreiecksgiebel des Vorbaus wachsen zwei Turmgeschosse empor. Die Fensteranordnung ist zweigeschossig, die dadurch betonte Horizontale wird aber durch Doppelpilaster zwischen jeder Fensterbahn nach oben durchbrochen. Im Innern befindet sich nur an der Altarwand eine Orgelempore auf strengen dorischen Säulen, sonst ist der Raum ein schlichter, aber sehr geräumiger Saal. Sowohl im Innern als auch in dem Dreiecksgiebel außen gibt es die Wappen der zur Bauzeit

142-1 Kloster Arnsburg, Giebelfeld des Prälatenbaus mit Arnsburger Wappen
142-2 Der Pfortenbau von außen gesehen mit der Statue des Heiligen Bernhard von Clairveaux und Arnsburger Wappen im Segmentbogen des Giebels
142-3 Blick in den Kapitelsaal, einen frühgotischen Raum mit Blattkapitellen über den Säulenbündeln. An der Rückwand das Grabmal des Johann von Falkenstein (1365), rechts das Ehrenmal für die Kriegsopfer.
142-4 Das Arnsburger Wappen mit dem Schwan des Abtes Antonius Antoni über dem Eingang zum barocken Abteigebäude
143-1 Reliefkopf
143-2 Grabmal des Johann von Linden und der Guda von Bellersheim von 1394 im nördlichen Seitenschiff
143-3 Die ehemalige Klostermühle ist ein beliebtes Ausflugsrestaurant.
143-4 Der Bursenbau außerhalb der Klausur bot Unterkunft für die Laienbrüder des Zisterzienserklosters.
143-5 Das barocke Abteigebäude und der Prälatenbau
143-6 Der Kreuzgang des Klosters, heute Kriegsgräberfriedhof, im Hintergrund links die Ruine der Klosterkirche, rechts im Untergeschoß der Kapitelsaal, im Obergeschoß das Dormitorium der Mönche
143-7 Blick aus der Vierung ins Langhaus der Klosterkirche, die idyllisch in die Natur eingebettet ist.

143-1
143-2
143-3
143-4
143-5
143-6
143-7

143

jeweils amtierenden Burgregierung, das des Burggrafen und zweier Burgbaumeister.

Der Ritterorden in Kloppenheim

Eine Besonderheit unter den Wetterauer Dörfern stellt Kloppenheim dar, das seit 1719 vom Deutschen Ritterorden beherrscht wurde. Der Orden war hier reich begütert und hatte die Hoheitsrechte über das Dorf der Burg Friedberg abgekauft und eine eigene Kommende Kloppenheim ins Leben gerufen. Diese Statuserhöhung drückt sich in einem Schloßneubau aus und in einer Neugliederung des gesamten Ortes. Das Schloß stellt einen mächtigen Winkelbau dar, dessen geschweifte Giebel letzte Renaissancemerkmale zeigen. Die in der Nähe stehende schöne barocke Kreuzigungsgruppe hat mit dem Ensemble nichts zu tun. Das alte Dorf Kloppenheim wurde im 18. Jahrhundert aufgegeben und in Form eines Straßendorfes entlang der Frankfurter Straße neu gebaut. Eines der barocken Häuser mit Mansarddach, das mit seinem einst ihm gegenüberstehenden Pendant eine Blickachse zum Schloß rahmte, ist noch erhalten. Sonst ist das Erscheinungsbild des Ortes durch nachträgliche Veränderungen erheblich gestört. Einzelne Mansarddächer lassen den alten einheitlichen Ortscharakter noch erahnen.

Die Veränderungen in napoleonischer Zeit

Die französischen Revolutionskriege haben auch die Wetterau in Mitleidenschaft gezogen. Die Schlacht von Friedberg, ein blutiger Straßenkampf auf der Breiten Straße am 10. Juli 1796, wird unter den napoleonischen Siegen am Arc de Triomphe in Paris dokumentiert, aber keine Gemeinde hat so unter französischer Willkür gelitten wie Lißberg. Als die vom österreichischen Erzherzog Karl geschlagenen französischen Truppen des Generals Jourdan über den Vogelsberg nach Westen zurückfluteten, richteten sie in dem Ort ein Massaker an, weil ihnen Quartier verweigert und bewaffneter Widerstand geleistet worden war. 58 Gebäude gingen in Flammen auf, 17 Personen fanden den Tod. Historisch folgenreicher waren allerdings die Beschlüsse der Reichsdeputation des Regensburger Reichstages, die 1803 ratifiziert wurden und die politische Landschaft der Wetterau grundlegend veränderten. Als Entschädigung des Adels für linksrheinische Verluste an Frankreich im Frieden von Luneville wurde der Kirchenbesitz säkularisiert. Die Folge für das Kloster Arnsburg war, daß die Grafen von Solms ein Arbeits-, Zucht- und Irrenhaus dort einrichteten. Die kleineren Reichsstädte wie Friedberg und reichsunmittelbare ritterschaftliche Territorien, für deren Existenz die Wetterau typisch war, wurden mediatisiert, d.h. sie verloren ihre Selbständigkeit und wurden Teil der Landgrafschaft Hessen-Darmstadt. Bereits 1802 war im Vorgriff auf diese Entscheidung ein Darmstädter Leibgarderegiment in Friedberg eingerückt, wogegen der Burggraf vergeblich protestierte. Vielmehr stand für den Landgrafen auch die Burg zur Disposition. Gegen deren militärische Besetzung vermochte sich der Burggraf Waldbott von Bassenheim allerdings erfolgreich beim Reichskammergericht zu wehren, bis 1804 die Burgwache doch von hessischen Truppen überrumpelt wurde. Jetzt setzte sich der Kaiser persönlich für seine Burg und den Erhalt der Reichsverfassung ein. Ein Erinnerungstaler, die letzte Burgfriedberger Münze, zeigt den Schutzpatron der Ritterschaft, den Heiligen Georg, wie er den Drachen tötet, dessen Kopf aber deutlich die Gestalt des Hessischen Löwen hat. Als allerdings Kaiser Franz II. als Reaktion auf den Beitritt von 16 deutschen

Nidda

Nidda
Borsdorf
Eichelsdorf
Fauerbach
Geiß-Nidda
Harb
Kohden
Michelnau
Ober-Lais
Ober-Schmitten
Ober-Widdersheim
Bad Salzhausen
Schwickartshausen
Stornfels
Ulfa
Unter-Schmitten
Unter-Widdersheim
Wallernhausen

145-1

Fürsten zum napoleonischen Rheinbund die deutsche Kaiserkrone niederlegte, verlor die Burg ihren letzten Garanten und verfiel endgültig der Mediatisierung an das inzwischen zum Großherzogtum aufgewertete Hessen-Darmstadt. Am Beispiel der beiden Friedberger Staaten läßt sich also das Sterben des Heiligen Römischen Reiches exemplarisch nachvollziehen. Auch die Grafen von Solms in Assenheim und von Stolberg in Ortenberg und Gedern unterstanden ab jetzt dem Großherzog, behielten allerdings als privilegierte Standesherren ihren Besitz. Da hierzu auch alle grundherrlichen Abgaben zählten, brachen für die Untertanen dieser Standesherren im hessischen Staat schwere Zeiten an, waren sie doch hinfort durch neue hessische Steuern und alte standesherrliche Abgaben doppelt belastet. Hier lagert Zündstoff für die bäuerlichen Unruhen des Vormärz. Die Fürsten von Isenburg-Büdingen fielen erst nach dem Wiener Kongreß an Hessen.

Die Residenzstadt Assenheim

Von der einstigen kulturellen Vielfalt der Wetterauer Adelslandschaft zeugen heute noch zahlreiche Schlösser in Dörfern und Städten. In Assenheim residierte seit 1722 eine selbständige Linie des Hauses Solms, die Grafen von Solms-Rödelheim und Assenheim. Sie begannen 1786 mit einem großzügig als Dreiflügelanlage geplanten barocken Schloßbau, von dem aber nur der Mitteltrakt und ein Winkel des Seitenbaues vollendet wurden. Dieser Torso beweist das Mißverhältnis zwischen feudaler Planung und den spärlichen Ressourcen in dem kleinen Territorium. Aber bereits dieser Teil repräsentiert eine reizvolle spätbarocke Kleinresidenz. Der Eingang wird durch einen Arkadenvorbau markiert. Das Innere zeigt sich in qualitätvollem Louis-Seize-Stil. Der neugotische Archivbau hat im Untergeschoß

145-1 Das Renaissanceschloß mit Treppenturm in Nidda steht an der Stelle einer mittelalterlichen Wasserburg.
146-1 Der Marktplatz in Nidda mit Renaissancebrunnen von 1650. Das Stadtwappen zeigt den Stern der Grafen von Ziegenhain, der einstigen Stadtherren.
146-2 Die Ev. Stadtkirche Zum Heiligen Geist in Nidda, die früheste protestantische Predigtkirche in Hessen. Eine geräumige Halle mit hohem Satteldach, das der gedrungene Turm kaum überragt.
147-1 Der 1491 erbaute gotische Turm der einstigen Johanniterkirche in Nidda

146-1

146-2

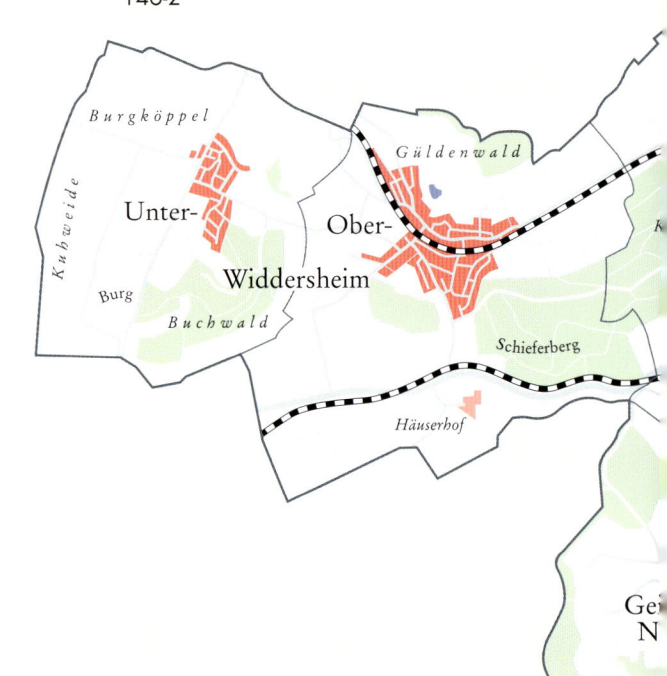

Stadt Nidda mit Stadtteilen

18.403 Einwohner
118,34 qkm Gemarkungsfläche
156 Einwohner pro qkm
1:50.000 Maßstab der Karte
(1 cm = 0,5 km)

147

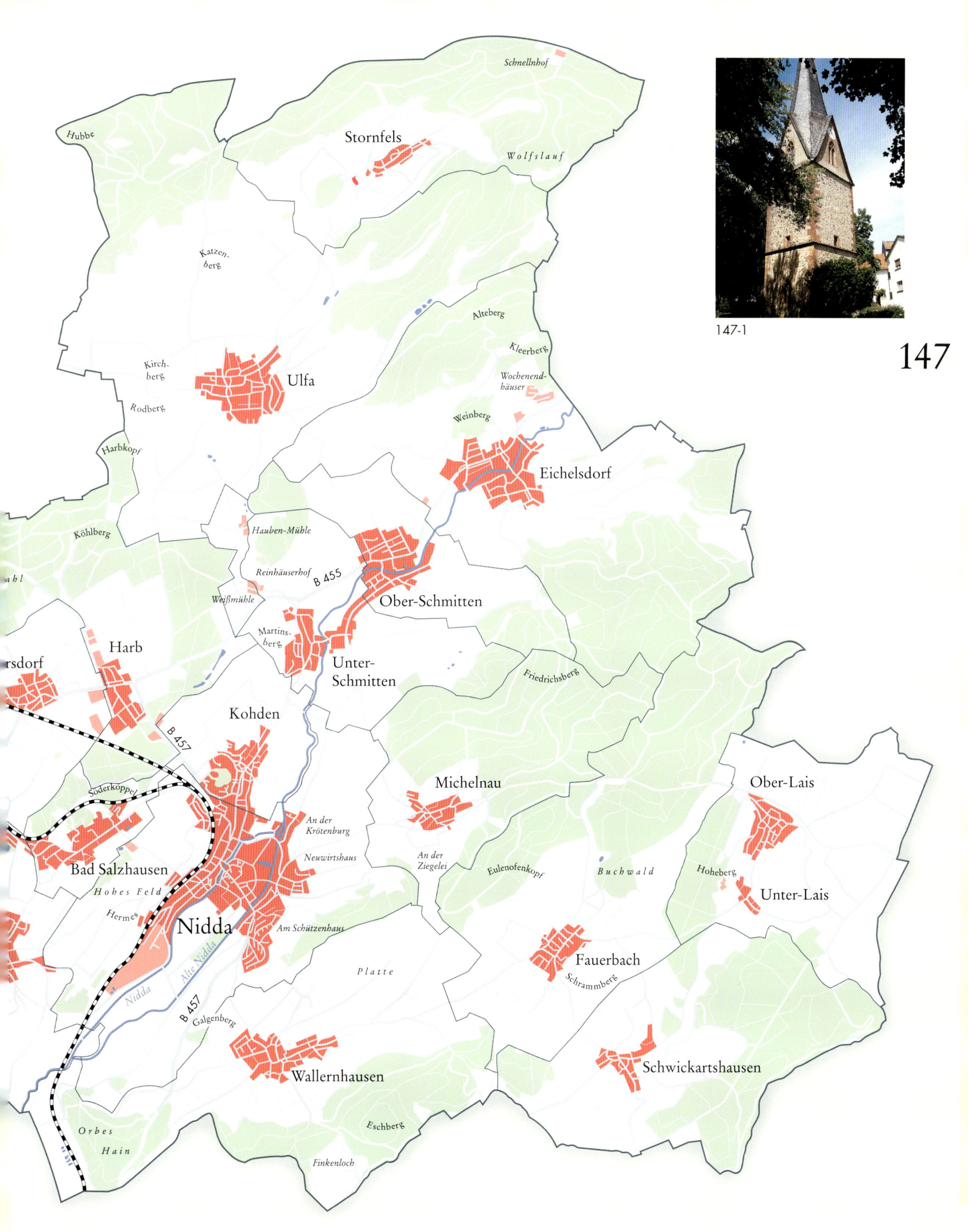

147-1

eine Remise. Der Schloßpark wurde von Heinrich Siesmayer gestaltet und verbindet sich über die Nidda hinweg mit den Gärten des Amalienhofes. Die Ruine der Münzenberger Burg mit staufischen Buckelquadern ist romantisch in den Landschaftspark integriert. Die dreiseitige Hofanlage des ehemaligen Ökonomiehofs des Schlosses besteht aus Fachwerktrakt und klassizistischem Uhrtürmchen und ist neuerdings zu Wohnzwecken vorbildlich restauriert worden. Dabei ist ein Juwel des Fronhofs aus der Zeit um 1600 wiederentdeckt worden, der ehemalige Marstall. Zwei lange Säulenreihen aus Sandstein stützen ein Kreuzrippengewölbe und erwecken einen nahezu sakralen Eindruck. Das ergibt einen Pferdestall von seltener Harmonie, der in der Region seinesgleichen sucht. In Wickstadt gibt es ein kleineres Pendant. Das auf den Solmsschen Gütern angebaute Getreide wurde in der Stadtmühle gemahlen, deren markante Silos heute eine Landmarke in der Wetterau darstellen. Das breite zweigeschossige Gebäude mit Mansarddach und Giebelwappen in der Wallgasse erinnert als Rentkammer ebenfalls noch an die Zeit, als Assenheim Sitz einer gräflichen Grundherrschaft war. Dagegen wirkt das Fachwerkrathaus der Bürgerstadt eher bäuerlich bescheiden. Im ehemaligen Arnsburger Hofgut Wickstadt bauten die Äbte noch in den letzten Jahren des 18. Jahrhunderts ein barockes Herrenhaus mit charakteristisch gerundeten Eckpavillons. Der Wirtschaftshof ist achsial auf das Schlößchen ausgerichtet. Zusammen mit dem Pfortenturm und der Kirche bildet Wickstadt einen Klosterhof von seltener Geschlossenheit.

Die Residenzstädte Ortenberg und Gedern

In Ortenberg dominiert der Adelssitz den Ort von oben. Die ehemalige Ganer-

148-1 Die Trinkhalle in Bad Salzhausen. Der Turm wurde als Hochbehälter errichtet.
148-2 In Michelnau wird Heu auf moderne Art eingefahren.
148-3 Die Kirche in Ober-Widdersheim liegt hoch über dem Ort im ummauerten Kirchhof. Der wehrhafte Turm steht wie ein Bergfried an der Bergseite des Kirchleins.
149-1 Dorfplatz und Kirche in Borsdorf
149-2 Scheunentor in Fauerbach – hier scheint die Zeit still zu stehen.
149-3 Straßenszene am Eichelbach in Eichelsdorf
149-4 Blick auf den gotischen Chor der Kirche in Geiß-Nidda
149-5 Das frühgotische Stufenportal von Geiß-Nidda, im Tympanon eine Kreuzigungsgruppe. Unter dem Kreuz steht neben Maria ein Bischof, rechts kniet die Stifterfigur.
149-6 Fachwerkhäuser in Kohden
149-7 Getreidefeld auf der Harb

149

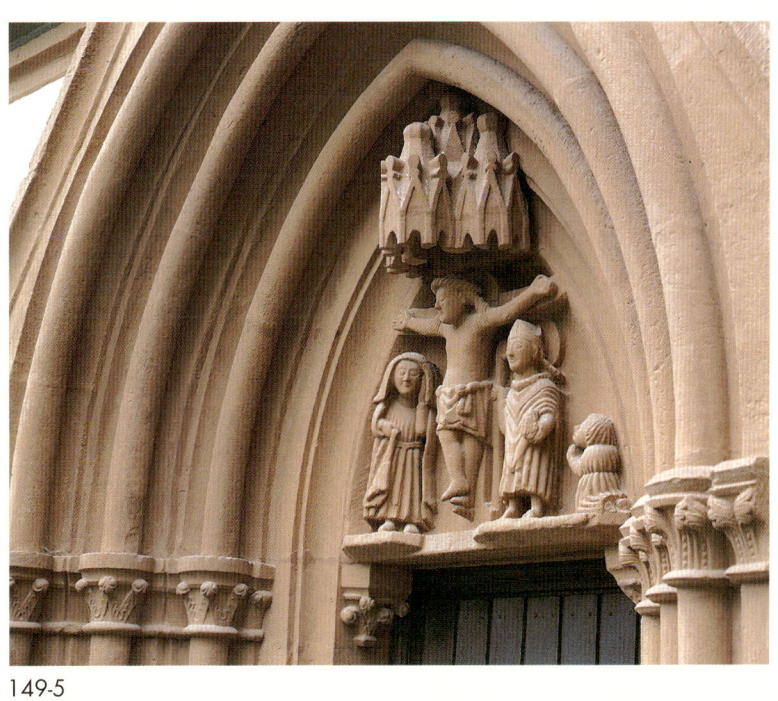

149-1

149-2

149-3

149-4

149-5

149-6

149-7

benburg gelangte im 17. Jahrhundert in den Besitz der Grafen von Stolberg. Die Burgbefestigung umfaßt auch die kleine Stadt. Die Oberpforte ist sehr gut erhalten, wie überhaupt die Bebauung im Altstadtbereich noch heute einen mittelalterlichen Eindruck macht. Seit den Zeiten der Merianschen Stadtansicht hat sich wenig geändert. Das heutige Schloß auf den Fundamenten einer Stauferburg stammt aus dem 18. und 19. Jahrhundert und weist schlichte Formen auf. Die beiden Schloßflügel stehen stumpfwinklig zueinander, der runde Eckturm stammt aus der frühen Neuzeit und trägt eine barocke Haube. Auch hier ist das Rentamt am Schloßplatz wie in Assenheim in seiner breit gelagerten Form Symbol der in der Stadt anwesenden Obrigkeit. In der dreischiffigen Hallenkirche mit schönem Fischblasenmaßwerk in den Fenstern und einem charakteristischen spitzen Turm mit vier Giebeln steht eine Kopie des berühmten Ortenberger Altars aus dem 15. Jahrhundert aus einer mittelrheinischen Werkstatt, der sich im Landesmuseum in Darmstadt befindet. Er zeigt im Mittelschrein in silbrig weißen Farbtönen die Heilige Sippe.

Auch in Gedern liegt das Schloß der Grafen von Stolberg über dem Städtchen. Von hier oben hat sich der Ort in Richtung Tal entwickelt. Trotz Stadtrechten hat sich Gedern den ländlichen Charakter einer kleinen Residenz bewahrt, seit 1677 der Linie Stolberg-Gedern. Um das Schloß wurde innerhalb des mittelalterlichen Burgberings mit Graben im 19. Jahrhundert ein englischer Park angelegt mit wertvollem alten Baumbestand. Der stattliche viergeschossige Schloßbau trägt einen Glockenturm. Hier steht das breitgelagerte Rentamt im Schloßgelände.

Die kleineren Adelssitze

Über dem Usatal bauten die Falkensteiner in Ziegenberg in der Mörler Mark

150-1 Die Ev.Kirche in Schwickartshausen
150-2 Hofidylle in Wallernhausen
150-3 Blick auf Ober-Lais
151-1 Alte Friedhofslinde in Unter-Widdersheim
151-2 Dorfstraße in Ober-Schmitten
151-3 Dorfstraße mit Niddabrücke in Unter-Schmitten
151-4 Das romanische Portal der Kirche in Schwickartshausen
151-5 Blick auf Ulfa
151-6 Stornfels liegt in Gipfellage auf einem Bergkegel.
151-7 Blick über die Streuobstwiese auf Wallernhausen

150-1

150-2

150-3

151

eine Burg, deren runder Bergfried noch erhalten ist. Seit 1577 ist sie im Besitz des Freiherrn von Diede zum Fürstenstein. Die kleine Standesherrschaft hat immer wieder Burgmannen in die Reichsburg Friedberg geschickt und in Eitel Diede zum Fürstenstein 1745-48 auch einen Burggrafen gestellt. Er baute die Burg in ein Barockschloß um. An der Umgestaltung des Schloßparks durch seinen Sohn Wilhelm Christoph war auch der mit diesem bekannte Goethe beteiligt. Er entwarf das Denkmal vom dreifach gefesselten Glück, das heute zu Füßen des Burgberges an der Bundesstraße steht und die Verbundenheit des Freiherrn von Diede mit seiner Gemahlin sowie mit seiner Schwester symbolisiert. Auf einem dreiseitigen an den Ecken abgeflachten Sockel liegt eine von drei Girlanden umschlungene Kugel. Der Sockel trägt die Inschrift: DEM DREYFACH GEFESSELTEN GLYKE. WIEDMET DANKBAR DER GATTE. WIEDMET DER BRUDER DEM STEIN. Als die Wehrmacht den 2. Weltkrieg vorbereitete, baute sie Schloß Ziegenberg zum Führerhauptquartier Adlerhorst aus, wodurch vor allem ausgedehnte Bunkeranlagen entstanden. Der nördlichste Bunker in Wiesental erhielt zur Tarnung einen oberirdischen Bau mit waagrechter Holzverschalung im Stile eines Forsthauses. Nach der raschen Beendigung des Frankreichfeldzuges diente die Gesamtanlage als Offiziersgenesungsheim, bis sie dann im letzten Kriegswinter noch einmal für die Ardennenoffensive genutzt wurde. Vom 11.12.1944 ab wohnte Hitler für vier Wochen in einem Wiesentaler Bunker. Durch einen amerikanischen Luftangriff im März 1945 wurden das Schloß und die Gemeinde Ziegenberg weitgehend zerstört, manche Bunker nachträglich von den Amerikanern gesprengt. Erhaltene Teile dienen heute als Bundeswehrdepot. Im Schloß befinden sich Eigentumswohnungen. Im Usatal ist die ehemalige Kraftfahrzeughalle unter Beibehaltung ihres ursprünglichen Charakters musterhaft in moderne Nutzung umgewandelt worden.

Adelsschlösser gibt es in Staden gleich zwei. Von der Wasserburg Wortwins von Büdingen aus der Stauferzeit sind nur noch Reste der Buckelquaderringmauer erhalten, in der ehemaligen Vorburg am Mühlgraben steht aber ein Renaissanceschloß der Isenburger, heute ein gut geführtes Hotel, und am Nordrand der einstigen Stadt inmitten eines früheren Barockgartens das Schloß der Löw zu Steinfurth. Beide Adelshäuser teilten sich mit der Burg Friedberg in die Ganerbschaft Staden. Das Löwsche Schloß ist ein breitgelagertes Herrenhaus, die Mittelrisalite mit ihren Portalzonen sind jeweils nach Hof- und Gartenseite betont. Der Barockgarten wurde im 19. Jahrhundert in einen Landschaftsgarten umgestaltet und erlaubt heute schöne Spaziergänge. Das Isenburg-Büdingensche Schloß steht neben dem quadratischen Torturm der Vorburg. Seine spitzen Treppengiebel weisen es noch als gotisch aus, auf der Hofseite ist ein runder Treppenturm angebaut, auf der Stadtseite ein zweigeschossiger Erkervorbau mit neugotischem Portal. Ein beliebtes Fotomotiv in Staden ist die sog. Seufzerbrücke, eine in Fachwerk überbaute Brücke über den Mühlbach, die sich in der Mitte zu einem Pavillon mit welscher Haube ausweitet, vielleicht ein herrschaftlicher Lustpavillon eines der Stadener Ganerben.

In Lindheim gruppieren sich die Reste der Ganerbenhäuser um Kirche und Rathaus innerhalb des alten Stadtgrabens. Das bedeutendste ist der sog. Mollerbau, ein vom Darmstädter Hofarchitekten Georg Moller 1841 für die Familie von Schrautenbach erbautes klassizistisches Herrenhaus, einst der Westflügel einer Dreiflügelanlage der v. Oeynhausen mit einem Dachreiter und zwei Wirtschafts- bzw. Remisenflügeln. Die Ganerben blieben bis 1806 reichsunmittelbar, hatten

153

Niddatal
Assenheim
Bönstadt
Ilbenstadt
Kaichen

153-1

ihre reichsritterliche Funktion aber durch ihre berüchtigten Fehden, vor allem durch die Teilnahme an der Sickingenschen Fehde 1521-24 eingebüßt. Berüchtigt wurde Lindheim wie auch Bingenheim durch seine große Hexenverfolgung seit 1598, die ihren traurigen Höhepunkt nach dem Dreißigjährigen Krieg hatte, als die Ritterfamilien den Ort ihren Amtsleuten überlassen hatten und die hier blindwütig zu Gericht saßen. Im Park des Schrautenbachschen Schlosses steht der Hexenturm, die südwestliche Ecke der alten Burgbefestigung.

Ähnliche einst wehrhafte Bauten, die in der Renaissancezeit schloßartig verfeinert wurden, stehen in Södel, wo ein reizvolles Fachwerkobergeschoß aufgesetzt wurde, und in Stammheim. Hier wird die Westwand durch einen rechteckigen Portalvorbau gegliedert, während die Ostwand einen runden Treppenturm zeigt. Diese Treppentürme tragen oft noch Schießscharten, was ihnen einen Rest von Wehrhaftigkeit verleiht. Der Blick von Süden auf Stammheim wird von dem mächtigen Walmdach der ehemaligen Zehntscheuer geprägt. Die Burg in Burg-Gräfenrode zeigt den runden Treppenturm an der nördlichen Schmalseite und den rechteckigen Vorbau im Westen. Im 18. Jahrhundert erhielt das Gebäude ein barockes Mansarddach. Von der Ringmauer um den Burgkomplex zeugt heute noch in der Südostecke ein Rundturm mit Fachwerkaufsatz. In Ockstadt wurde die mittelalterliche Wasserburg der Herren von Cleen um 1500 in eine bemerkenswerte Festung umgebaut mit gewaltigen runden Bastionen an den vier Ecken der äußeren Ringmauer zur Verteidigung mit Feuerwaffen. Diese Anlage zeigt die Handschrift des bedeutenden hessischen Festungsbaumeisters Hans von Ettlingen, der auch den Herzberg und Friedewald befestigte. Leider wurden die nördlichen Ecktürme durch Fußgängerwege erheblich gestört. Von der alten Kernburg ist ein schlanker

153-1 Die romanische Doppelturmfassade der ehemaligen Prämonstratenserklosterkirche in Ilbenstadt, des Domes der Wetterau.
154-1 Das Schloß der Grafen von Solms-Rödelheim zu Assenheim. Von dem geplanten Dreiflügelbau wurden ausgangs des 18.Jhs. nur ein Seitenflügel und zwei Fensterachsen des Haupttraktes gebaut.
154-2 Die Ev. Kirche in Bönstadt
155-1 Das breite Fachwerkhaus mit dem doppelköpfigen Reichsadler im Giebelfeld in Kaichen war der Verwaltungssitz der Burg Friedberg im Territorium des Freigerichts Kaichen. Der Turm der Ev.Kirche links hat einen sehr schönen dreifach geschweiften Helm.
155-2 Das Forsthaus im Hofgut Wickstadt

155-1

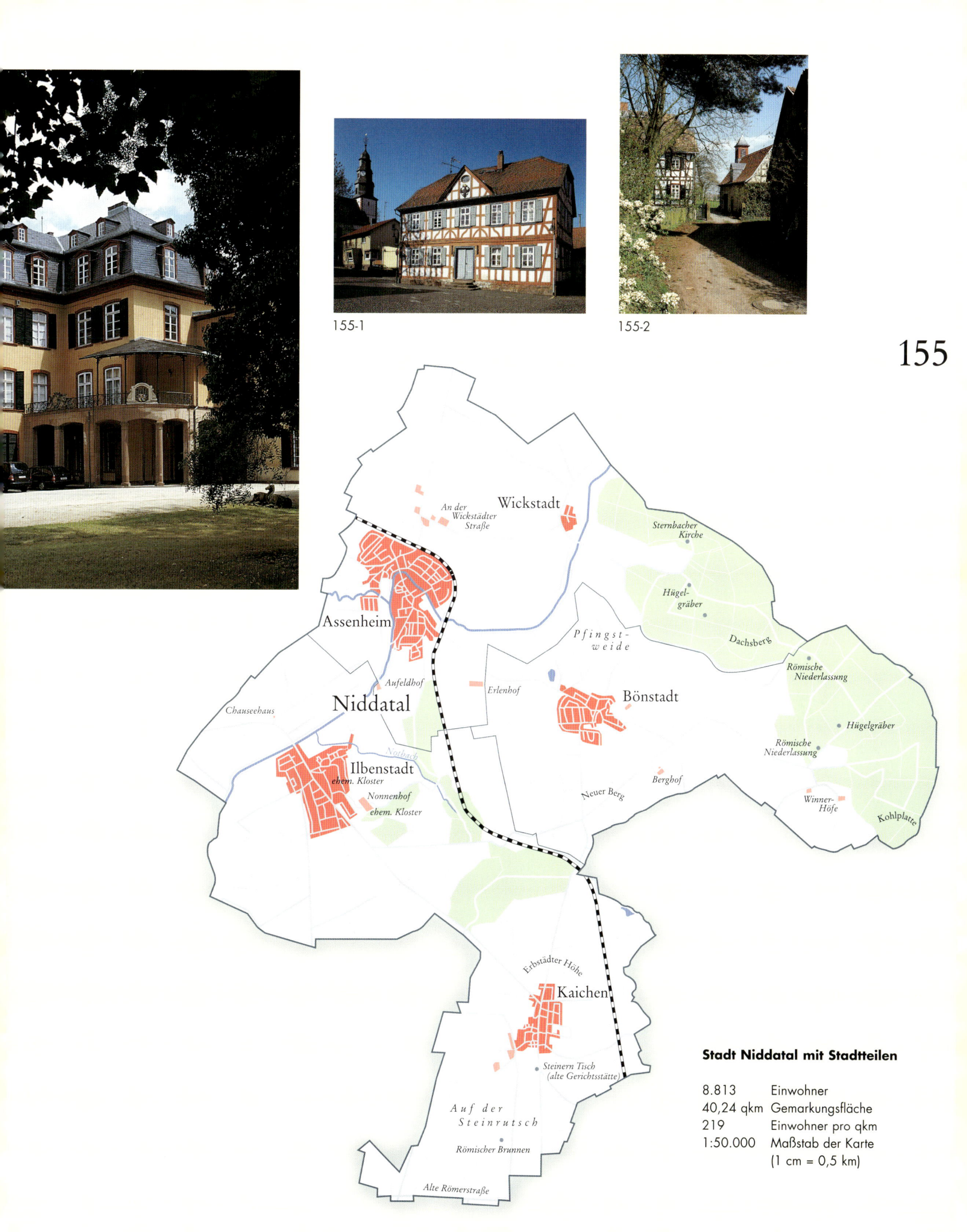

155-2

155

Stadt Niddatal mit Stadtteilen

8.813	Einwohner
40,24 qkm	Gemarkungsfläche
219	Einwohner pro qkm
1:50.000	Maßstab der Karte (1 cm = 0,5 km)

Rundturm im Inneren des Gevierts erhalten. Hier bauten die Nachfolger der von Cleen, die Freiherrn von Franckenstein, ihr Herrenhaus und ein Brauhaus. In Wenings steht der befestigte Herrensitz der Fürsten von Ysenburg-Birstein, der Moritzstein, als Winkelbau mit rundem Treppenturm. Giebel und Turmobergeschoß sind reizvoll in Fachwerk gestaltet. Die Ecken des Gebäudes betonen Sandsteinquader. Der Zugang zum Ysenburger Hof erfolgt durch einen schönen Torbau, dessen Treppenturm den gleichen Fachwerkaufbau zeigt wie das Schloß. Ein ganz besonderes Schmuckstück unter den Wetterauer Herrensitzen ist Hofgut Leustadt. Die ehemalige Wasserburg der Herren von Wolfskehlen ist von ihrer jetzigen Besitzerin so liebevoll und fachkundig restauriert worden, daß ihr dafür der deutsche Denkmalschutzpreis verliehen wurde. Das im Kern gotische Gebäude hat einen runden Treppenturm und schöne Erker, sein Portal trägt die Jahreszahl 1537. Der kurze Gebäudeflügel zeigt schönes Fachwerk im Obergeschoß. An den Schloßherrn Wolf von Wolfskehlen und seine Gemahlin erinnert ein wertvoller Renaissancegrabstein. Der Stammsitz der mittelalterlichen Grafen von Mörlen-Cleeberg-Peilstein in Ober-Mörlen wurde im 16. Jahrhundert unter Kurmainzer Herrschaft in ein Herrenhaus umgewandelt, das im 17. Jahrhundert einen Querbau mit Renaissanceschweifgiebel erhielt. Vom ehemaligen Barockgarten ist nur die Einfriedung erhalten. Heute wird der Bereich von einer Grünfläche eingenommen. Die öffentliche Nutzung des Schlosses als Rathaus führte dazu, daß die Schloßmauer durch mehrere fensterartige Öffnungen heute den Blick auf das Gebäude freigibt. Ein weiterer Herrensitz im Ort ist die ehemalige Kastnerei des Deutschen Ritterordens, inzwischen mit dem Pfarrhof zu einem Wirtschaftshof vereint. Die heutigen Gebäude stammen aus der Zeit nach dem großen Dorf-

156-1 Der Amalienhof in Assenheim, ein biedermeierliches Wohnhaus, diente im 19.Jh. als Witwensitz für Gräfin Amalie.
156-2 Das Fachwerkrathaus in Assenheim mit historisierenden Veränderungen im 19.Jh.
156-3 Das Freigericht in Kaichen. Der Steintisch und die hufeisenförmige Steinbank markieren den Versammlungsort der einst reichsunmittelbaren Bewohner der Freigrafschaft Kaichen.
157-1 Das Uhrentürmchen im ehemaligen Ökonomiehof des Schlosses in Assenheim
157-2 Der neugotische Archivbau hinter der staufischen Ringmauer der Münzenberger Burg im Schloßpark von Assenheim
157-3 Blick durch das Langhaus der Basilika in Ilbenstadt nach Westen auf die Barockorgel
157-4 Der Kapitellschmuck in der Turmvorhalle in Ilbenstadt weist lombardische Einflüsse auf.
157-5 Der Heilige Nepomuk an der Alten Niddabrücke in Ilbenstadt

156-1

156-2

156-3

157-1

157-2

157

157-4

157-5

brand im 18. Jahrhundert. Das zweigeschossige Wohnhaus mit steilem Giebeldach weist ein wappengeschmücktes Portal über der geraden Treppe auf. Die Zehntscheune ist modern genutzt. Mit Ober-Mörlen gehörte auch Rockenberg zum Mainzer Amt in der Wetterau. Das Mainzer Rentamt steht als zweigeschossiger stattlicher Barockbau mit Mansarddach an der Obergasse am Rande des mittelalterlichen Burgbezirks. Dahinter befindet sich die Kernburg der Herren von Bellersheim, ein mächtiger Wohnturm umgeben von einer rechteckigen Ringmauer. In Höchst a.d. Nidder dominieren die Herren von Karben in der Ortsmitte mit ihrem Schloßbau aus dem 18. Jahrhundert, später im Besitz der Freiherrn von Günderode. Das zweigeschossige Herrenhaus mit Mansarddach wird von einer zweiläufigen Freitreppe erschlossen. Über dem Mittelportal kragt ein Balkon aus dem 19. Jahrhundert vor. Seitlich zurückgesetzt steht ein Bibliothekspavillon. Unterhalb der Kirche sind die bescheidenen Häuser der Landarbeiter – wenn auch gefährdet – erhalten, die sich bei der Gutsherrschaft verdingt haben. Wie in Staden so haben die Herren von Löw zu Steinfurth auch in Nieder-Florstadt, das zur selben Ganerbschaft gehörte, einen Schloßbau errichtet, eine mehrseitig umbaute Hofanlage in einem kleinen Park. Das Herrenhaus ist zweigeschossig mit Mansarddach, das an den Stirnseiten einer Fachwerkkonstruktion gewichen ist. Die Ecken sind sorgfältig gequadert. Eine früher dem Kloster Fulda gehörende Hofanlage, der Mönchhof, wurde im 18. Jahrhundert ebenfalls von den Löw zu Steinfurth übernommen. Ihn zieren zwei Wappenportale. Das von Prettlacksche Schloß in Echzell steht ebenfalls in einem kleinen Park an der Stelle der mittelalterlichen Wasserburg an der Horloff. Das barocke Herrenhaus mit Mansarddach und zweiläufiger Freitreppe erhielt im 19. Jahrhundert von den Nachbesitzern von Harnier zwei Flügelbauten angefügt. Grundlage des Dorheimer Schlosses ist ebenfalls eine Wasserburg der Waise von Fauerbach zur Sicherung des Flußübergangs an der Wetter, später im Besitz der Grafen von Solms-Laubach. Die Ringmauer mit zwei Flankentürmen ist noch erhalten, das Herrenhaus stammt aus dem späten 18. Jahrhundert. Dorfherren in Dorheim waren aber die Grafen von Hanau, von deren Herrschaft das Amtshaus an der Wetteraustraße zeugt. Auch in Groß-Karben ist die Grundherrschaft in Schloßbauten im Ort präsent, obwohl im 13. Jahrhundert hier einmal alle Bewohner als Mitglieder des Freigerichts Kaichen nur dem Kaiser untertan waren. Das Schloß der Freiherrn von Leonhardi ist im 19. Jahrhundert neugotisch ausgestaltet worden mit diagonalgestellten Eckerkern und zinnenbekröntem Turm. Im gleichen romantisierenden Stil gibt es noch das Kutscherhaus, daneben aber einen sehr stilvollen Renaissancebrunnen. Das Pächterhaus und weitere Wirtschaftsgebäude umstehen den großen Hof, so daß das Leonhardische Schloß zusammen mit dem Park einen standesgemäßen Adelssitz repräsentiert. Nördlich davon gibt es im Degenfeldschen Schloß einen weiteren Adelssitz. In Steinfurth liegen Schloß und die beiden Pachthöfe des Grundherrn Löw zu Steinfurth an der Hauptstraße.

Abseits der Ortschaften haben sich die Hessischen Großherzöge Jagdschlösser oder Sommerresidenzen gegönnt, so in Konradsdorf, wo vermutlich sogar Georg Moller einen gefälligen klassizistischen Wohnbau errichtete. Zwei quadratische Kavaliershäuser mit steilen Mansarddächern erinnern an eine Vorgängeranlage. Das Stolbergsche Jagdschloß in Ranstadt wurde im 19. Jahrhundert in ein fast bürgerlich wirkendes Herrenhaus eines nutzbringenden landwirtschaftlichen Großbetriebes umgestaltet. Auch das barocke Herrenhaus der Frankfurter Patrizierfamilie von

159

Ober-Mörlen

Ober-Mörlen
Langenhain-Ziegenberg

Holzhausen in Dortelweil gehörte zu einem Gutshof. Das für Johann Ernst Isenburg-Büdingen nach dem Dreißigjährigen Krieg errichtete Jagdschloß Tiergarten, wunderschön an einem See gelegen, wurde ebenfalls in ein Hofgut verwandelt. Heute liegt es inmitten eines Industriebetriebsgeländes. Eine ganz andere Umnutzung erfuhr der adlige Herrensitz in Stornfels. Hier wurde die Burg in weithin sichtbarer Gipfellage zunächst zur Zehntscheuer und im 19. Jahrhundert zur Kirche. An der nördlichen Ecke ist ein ehemaliges Ecktürmchen der Burg erkennbar. Die Kirche erhielt einen Dachreiter. Über dem Portal sieht man noch den Stern der Grafen von Ziegenhain, der einstigen Burgherren.

Die politischen Unruhen des Vormärz

Die politischen und sozialen Unruhen des deutschen Vormärz hatten nicht zuletzt wegen der massiven und aufreizenden Adelspräsenz in der Wetterau hier einen Schwerpunkt, vor allem in Butzbach, wo bereits früh eine der von Ernst Moritz Arndt geforderten Deutschen Gesellschaften entstand, eine Vereinigung, die in Nationalangelegenheiten mitreden wollte, und ein Polenverein, der sich für den Freiheitskampf der Polen gegen Rußland engagierte. Hier ist also nichts von biedermeierlicher Zurückgezogenheit zu spüren, die sonst für die Zeit typisch war, sondern von politischem Engagement. Worum es in Oberhessen ging, wurde 1830 deutlich. Als Reaktion auf die Pariser Julirevolution griffen Hanauer Unruhen auf die standesherrlichen Gebiete innerhalb Hessen-Darmstadts über, weil hier die Feudallasten für die Bauern am drückendsten waren. Daraufhin verhängte die Darmstädter Regierung den Ausnahmezustand und versetzte die Butzbacher Garnison in Alarmbereitschaft. Unter Führung des Prinzen Emil wurde ein Demonstra-

159-1 Der mittelalterliche Turm der Kath. St.Remigius Kirche in Ober-Mörlen mit dreifacher Haubenlaterne
160-1 Dorfstraße in Ober-Mörlen mit Blick auf die Kirche
160-2 Die Wegspur der mittelalterlichen Weinstraße nördlich von Ober-Mörlen
160-3 Schafherde bei Ober-Mörlen
161-1 Das ehemalige Deutschordenshaus in Ober-Mörlen. Die Zehntscheune links ist zum Gemeindesaal geworden.
161-2 Das Wappen des Deutschen Ritterordens über dem Eingang
161-3 Die Trasse der mittelalterlichen Weinstraße wird von Speierlingen gesäumt.
161-4 Großer Speierling bei Ober-Mörlen

160-1

160-2

160-3

161-1

161-2

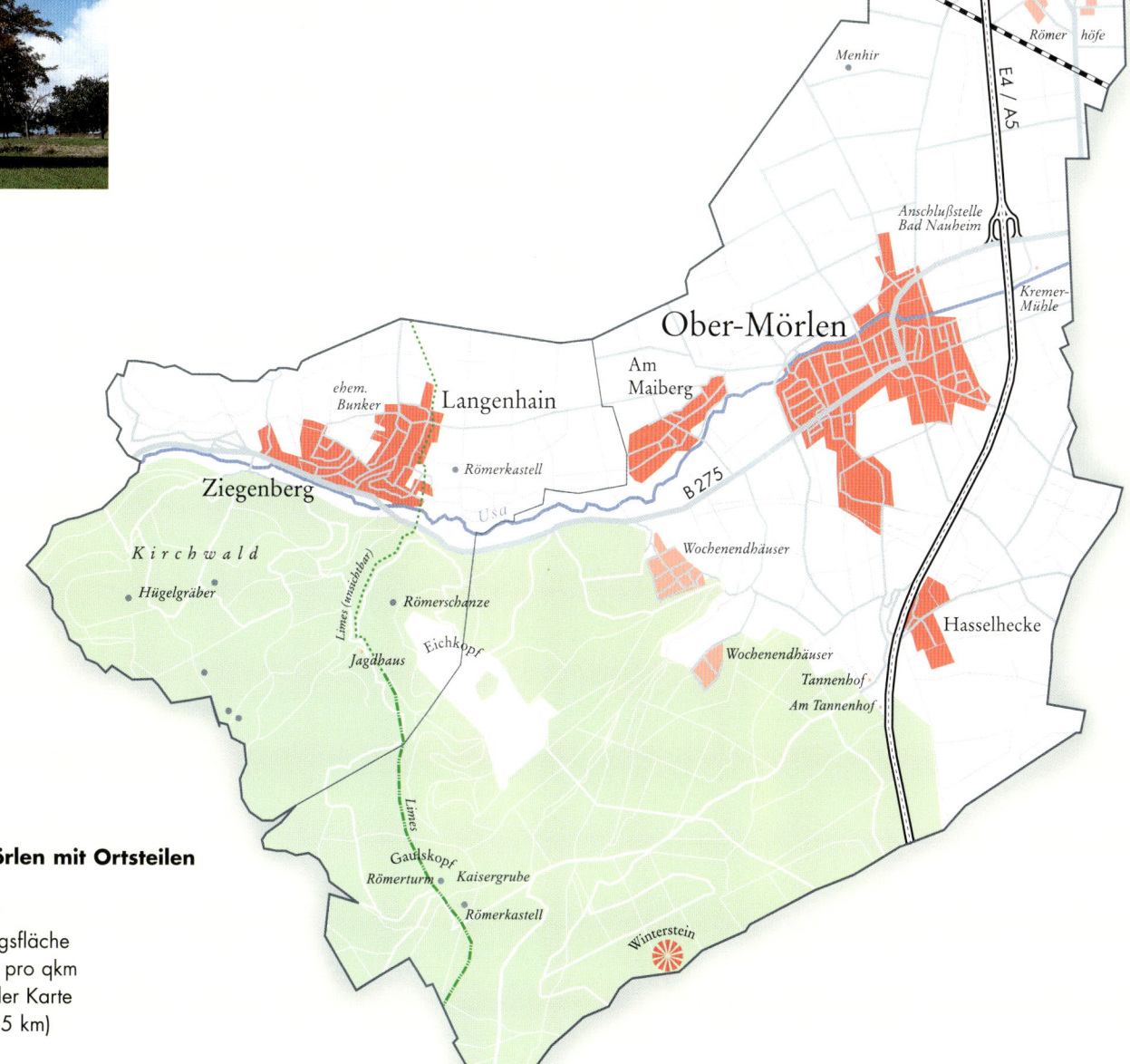

161-3

1-4

Gemeinde Ober-Mörlen mit Ortsteilen

5.993	Einwohner
37,65 qkm	Gemarkungsfläche
159	Einwohner pro qkm
1:50.000	Maßstab der Karte
	(1 cm = 0,5 km)

tionszug bei Södel gestoppt, zwei Bauern erlagen beim „Blutbad von Södel" ihren Verletzungen. Im Anschluß an diese Insubordination wurden vom Gießener Hofgericht 65 Zuchthausstrafen verhängt, vergeblich. Vier Jahre später gelang es den Behörden in Gießen, die Flugschrift „Der Hessische Landbote" zu beschlagnahmen, die der Student Georg Büchner zusammen mit dem Butzbacher Pfarrer Friedrich Ludwig Weidig verfaßt hatte. Büchner hatte die Ideen der französischen Julirevolution aus Straßburg mitgebracht und in Gießen eine „Gesellschaft für Menschenrechte" gegründet. Es ging ihm aber weniger um liberale Freiheitsrechte als um soziale Gerechtigkeit. Hier fand er in Weidig einen gleichgesinnten Mitstreiter, der einen „Leuchter und Beleuchter" für Hessen herausgab und ebenfalls die Mißstände im Großherzogtum aufzudecken suchte. Mit dem Paukenschlag „Friede den Hütten, Krieg den Palästen" stimmte Büchner genau die Tonart an, die die hessischen Bauern hätten verstehen müssen. Die Bibelsprache, die Weidig einarbeitete, kam dem Verständnis der Landbevölkerung noch mehr entgegen. Aber die Schrift kam nicht an, wurde verraten und beschlagnahmt. Büchner gelang die Flucht, seine Mitstreiter erlitten Verfolgung und Kerker, zunächst in der Klosterkaserne in Friedberg, später in Darmstadt. Weidig nahm sich von den Qualen der Vernehmungen in der Untersuchungshaft gezeichnet schließlich in der Zelle das Leben. Bereits ein Jahr vorher war bei der Vorbereitung des Frankfurter Wachensturms ein anderer oberhessischer Pfarrer in das Visier der Polizeifahnder geraten. Heinrich Flick aus Petterweil hatte sein Pfarrhaus für konspirative Treffen zur Verfügung gestellt. Nach dem Scheitern des Putsches wurde er seiner Ämter enthoben. Seine Gemeinde hat ihren sozial engagierten Pfarrer aber nicht im Stich gelassen. Als Schriftkundiger hat er noch Jahrzehnte

162-1 Die Wehrkirche in Langenhain steht hinter der massiven Friedhofsmauer, der Turm ist unten rund und oben achteckig.

162-2 Blick durch das Tor auf den Ziehbrunnen und das ehemalige Schloß in Ober-Mörlen, das heute als Rathaus dient.

163-1 Das ehemalige Rathaus in Langenhain, heute Heimatmuseum, stammt aus den dreißiger Jahren des 20.Jhs.

163-2 Das ehemalige Schloß der Diede zum Fürstenstein in Ziegenberg. Nach den Zerstörungen des 2.Weltkrieges infolge der Nutzung als Führerhauptquartier wiederaufgebaut. Der Bergfried ist aus dem 14.Jh.erhalten.

163-3 Vogelbeerallee bei Ober-Mörlen

163-4 Blick vom Galgenberg nördlich Ober-Mörlen auf Ostheim.

163-5 Der Hinkelstein in der Gemarkung von Ober-Mörlen.

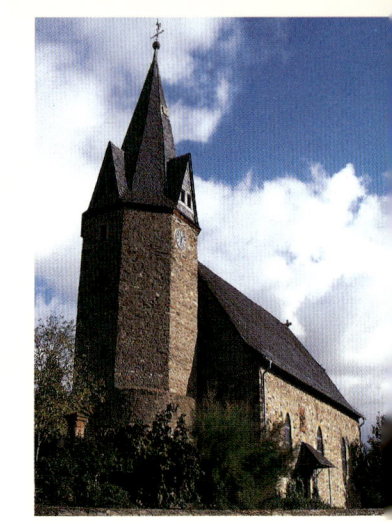

163-1

163-2

163

163-3

163-4

163-5

den Bauern ihre Schreibarbeiten mit den Behörden abgenommen und sich so ernährt. Flick verdankt Petterweil auch das einzige Robert Blum Denkmal in Deutschland, denn auf seine Veranlassung hin hielt der linke Abgeordnete der Frankfurter Nationalversammlung in Petterweil eine Rede. Nach Blums Hinrichtung in Wien und nach dem Scheitern der 48er Revolution mußte das Denkmal im Zeitalter der Restauration wieder verschwinden, aber die Petterweiler ließen es sich nicht nehmen. Sie haben es vergraben, bis es Ende des 19. Jahrhunderts wieder aufgestellt werden konnte. Weidig und Büchner leben in der Erinnerung der Wetterau weiter, denn die Gymnasien in Butzbach und Bad Vilbel tragen ihre Namen. Auf dem Schrenzer oberhalb Butzbachs gibt es einen Erinnerungsstein, der 1937 anläßlich des ersten Weidig-Bergturnfestes enthüllt wurde. Hierbei unternahm Ferdinand Werner den völlig untauglichen Versuch, Weidig für die Ziele des Nationalsozialismus zu vereinnahmen.

Die Auswanderung

Ein Zeichen für die soziale Not im Lande ist auch die Auswanderungswelle, die in den zwanziger Jahren des 19. Jahrhunderts begann. Vor allem Bauern aus den Randlagen der Wetterau zum Vogelsberg und Taunus hin zogen es vor, die Heimat zu verlassen, in der sie finanziell auf keinen grünen Zweig kamen und wo ihnen bei Mißernten Hunger drohte. Aus der Gegend um Nidda und Büdingen waren es Tausende, die nach Südamerika strebten. Büdingen war bereits im 18. Jahrhundert eine Sammelstelle für Rußlandauswanderer. Das Dorf Pferdsbach wurde 1847 wegen der Auswanderung aufgegeben. Nur eine Scheune steht noch an der Straße. Aus den Randlagen des Taunus, aus Maibach, Münster, Espa und Oes war Kalifornien das lockende Ziel.

Sie gingen als Hausierer, die Fliegenwedel feilboten. Um den Absatz zu steigern, war es üblich geworden, junge Mädchen mit nach England und Amerika zu nehmen, wo sie als Hurdy-Gurdy-Girls zur Drehorgel tanzten. Wegen der damit verbundenen sittlichen Gefährdung liefen die heimischen Pfarrer gegen diese Form des Landgängertums und den Mädchenhandel Sturm, aber die Ursache des Problems, die unzureichende Landausstattung und das Bevölkerungswachstum, konnten sie damit nicht bekämpfen. Den kinderreichen Eltern war jede Entlastung willkommen. Ein Schwerpunkt der Auswanderung war auch Paris, wo vor dem deutsch-französischen Krieg die Straßenreinigung fest in oberhessischer Hand lag.

Die 48er Revolution

Machte sich so auf dem Land Not bemerkbar, die sich in Unzufriedenheit und Aufständen entlud, so entwickelte sich in der Kreisstadt Friedberg dank großherzoglicher Fürsorge bescheidener Wohlstand. Bereits 1817 begann das Lehrerseminar seine Tätigkeit in der Burg. Hier wurden die Volksschullehrer für die Provinz Oberhessen ausgebildet. 1837 wurde eine noch bedeutendere Bildungseinrichtung eröffnet, das Predigerseminar für die Pfarramtskandidaten der evangelischen Kirche im Großherzogtum Hessen. Mit diesem Seminar, das 1848 auf der ehemaligen Burgfreiheit auf der Kaiserstraße einen schönen klassizistischen Neubau bezog, hat sich die Stadt aber auch einen Unruheherd besorgt, denn die 48er Revolution in Friedberg wurde vor allem von den jungen Theologen um Carl Scriba getragen, die nicht nur liberale Freiheitsrechte forderten, sondern auch die soziale Frage anschnitten. Dabei verlief die Revolution in der Beamtenstadt und großherzoglichen Nebenresidenz Friedberg weitaus ruhiger als in den

Ortenberg

Ortenberg
Bergheim
Bleichenbach
Eckartsborn
Effolderbach
Gelnhaar
Lißberg
Selters
Usenborn
Wippenbach

ehemaligen standesherrlichen Residenzen wie Assenheim, wo Akten auf den Hof flogen und die aufgebrachten Bauern endlich die Beendigung ihres Ablöseverfahrens für ihre einst gutsherrlichen Äcker verlangten. Aus Petterweil war ein aufgeregter Haufen nach Assenheim gekommen und hatte lautstarken Protest angemeldet. Auch in Butzbach war die Bevölkerung wesentlich unruhiger und verweigerte z.B. beim Tod des Großherzogs das Stadtgeläute. Als auf der Seewiese in Friedberg der liberale Bürgerverein mit dem proletarischen Volksverein aneinandergeriet, wurden die Liberalen mit Hilfe der Butzbacher Turner aus dem Feld geschlagen. Ein ausgesprochener Verfechter der sozialen Revolution im Sinne Büchners war der Arzt Christian Heldmann aus Selters, der den Wahlkreis Nidda-Büdingen in der Frankfurter Nationalversammlung vertrat, in den Gemeinden des Niddertales einen Volksbund gegen restaurative Politik gründete und in Hirzenhain auf einer Großkundgebung das allgemeine Wahlrecht für das Großherzogtum Hessen forderte. Die Furcht vor solch weitgehenden Anliegen der kleinen Leute führte dazu, daß das liberale Bürgertum bald seinen Frieden mit den konservativen Mächten schloß und die Revolution so an Elan verlor.

Der Eisenbahnbau

Friedberg blieb im 19. Jahrhundert eine biedermeierliche Behörden- und Bildungsstadt. Gewerblicher Aufschwung wird sich erst nach der Gründung eines Gewerbevereins und dem Anschluß an die Main-Weser-Bahn einstellen, zu der im Gambacher Wald nördlich Butzbach 1846 der erste Spatenstich erfolgte. Das zweifellos markanteste Bauwerk der Strecke ist das Rosentalviadukt bei Friedberg, genannt die 24 Hallen, ein nicht nur technisches, sondern auch ästhetisches

165-1 Das Alte Rathaus in Ortenberg mit massivem Untergeschoß und Fachwerkobergeschoß, der Dachreiter stammt aus dem 19. Jh.
166-1 Bergheim, Szene an der Bleiche
166-2 Der Kalte Markt in Ortenberg ist das späteste Volksfest des Jahres in der Wetterau.
166-3 In Konradsdorf, auf dem Gelände des Hofgutes, steht die Kirche eines Prämonstratenserordens und das Abtshaus. Die dreischiffige Pfeilerbasilika aus dem Ende des 12. Jh. mit hohem, flachgedecktem Mittelschiff wird nicht genutzt, das nördliche Seitenschiff fehlt.
167-1 Bleichenbach, Rathausgasse an der Bleiche
167-2 Fachwerkhaus in Eckartsborn
167-3 Die Ev.Kirche in Gelnhaar
167-4 Die Ev.Kirche in Effolderbach, der Chor ist mittelalterlich, der spitze Turm stammt aus dem 19. Jh.

166-1

166-2

166-3

167-1
167-2
167-3
167-4

167

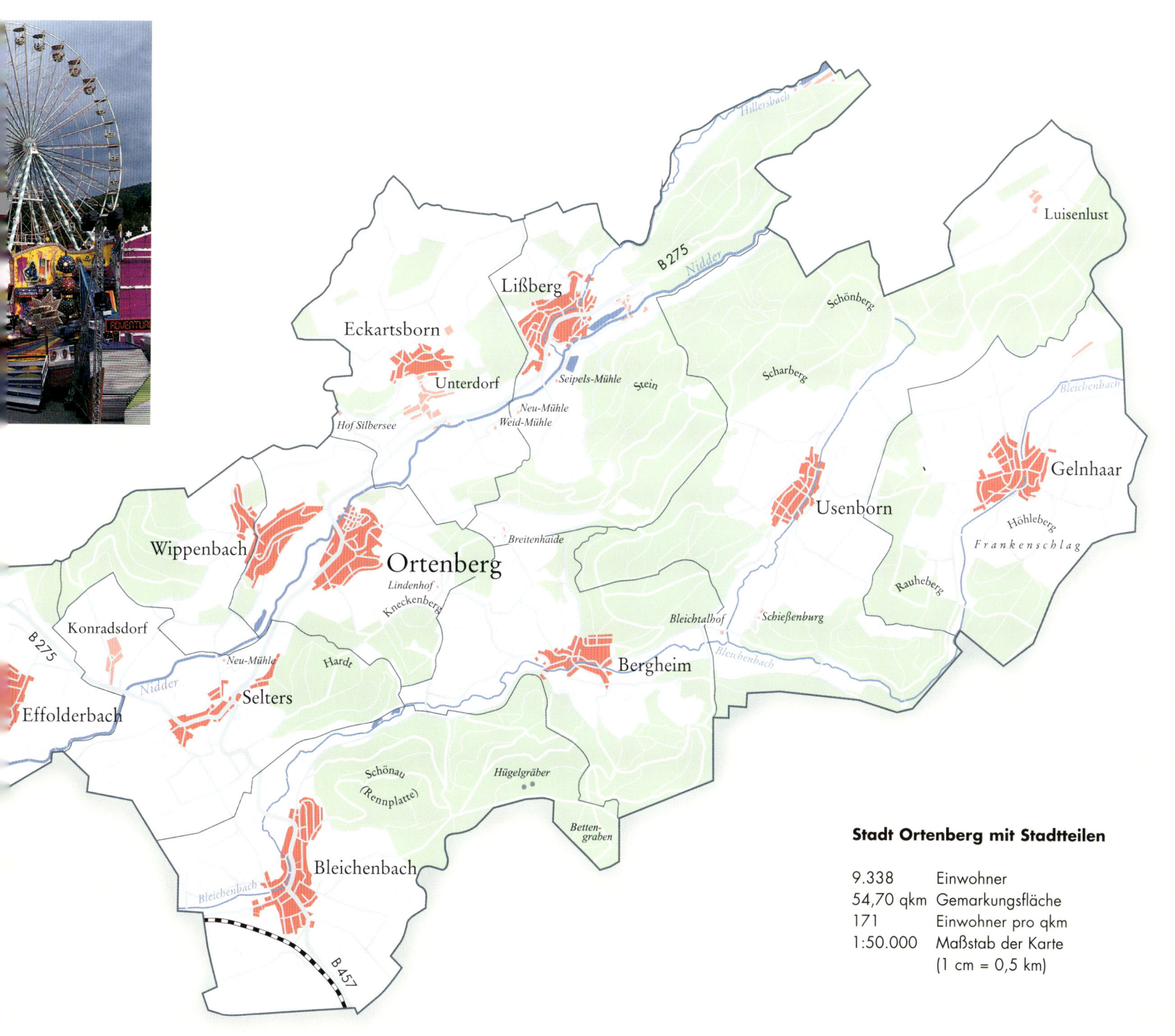

Stadt Ortenberg mit Stadtteilen

9.338	Einwohner
54,70 qkm	Gemarkungsfläche
171	Einwohner pro qkm
1:50.000	Maßstab der Karte (1 cm = 0,5 km)

Meisterwerk. Die Brücke greift die Form des römischen Aquäduktes auf, zwei seitlich angesetzte Turmpaare gliedern die 24 Bögen harmonisch in drei Gruppen. Diese Türme sind Zitate der Friedberger Stadtkirche. Solche Bezüge machen die Brücke zu etwas Besonderem für Friedberg. Deshalb sollte für ihre weitere Nutzung bald ein Konzept gefunden werden. Von 1850 bis 1982 hat sie den Verkehr auf der Strecke Frankfurt-Gießen-Kassel bewältigt. Durch den Bau der übrigen Strecken nach Hanau 1881, Hungen und Nidda 1897 und Bad Homburg 1901 entwickelte sich Friedberg zu einem Wetterauer Verkehrsknoten. Der Bahnhofneubau von 1913 setzte auch städtebaulich einen Akzent im Süden der Stadt. Die Strecke Nidda-Stockheim-Büdingen wurde schon 1870 im Zuge der Linie Gießen-Gelnhausen eröffnet. 1904 begann die Butzbach-Licher Eisenbahn ihren Betrieb und 1905 war die Strecke von Bad Vilbel über Stockheim nach Gedern bis Lauterbach befahrbar. Den Glanzpunkt der Wetterauer Eisenbahnentwicklung stellte zweifellos der Bäderzug dar, ein Schnellzug von Berlin nach Wiesbaden über Bad Nauheim - Bad Homburg mit Kurswagen nach Paris. 1914 war es mit dieser Herrlichkeit schon wieder vorbei. Die Wetterauer Strecken erlaubten aber vor allem Berufspendlern, schnell und bequem in das Rhein-Main-Gebiet zu gelangen. Dadurch wandelten sich die Siedlungen entlang der Bahnlinie von reinen Bauerndörfern in gemischte Arbeiterwohngemeinden. Ländliche Klassenunterschiede hatte es vorher auch schon gegeben. In Ossenheim ist in dem einstöckigen Haus Florstädter Straße 72 mit tief heruntergezogenem Dach ein seltenes Beispiel eines Tagelöhnerhäuschens erhalten, in der Hirtengasse 1 sogar ein reines Wohnhäuschen aus dem 18. Jahrhundert ohne jede landwirtschaftliche Anbindung. Hier wohnte die Dorfarmut. In Massenheim steht das bescheidene Hirtenhäus-

168-1 Reste der Stadtmauer von Ortenberg
168-2 Das spätbarocke Rentamt in Ortenberg
168-3 Das Torhaus des Schlosses mit Fachwerkobergeschoß
168-4 Blick in die Schloßstraße
169-1 Der Bergfried der Burg in Lißberg
169-2 Der Treppenaufgang zum Wehrkirchhügel in Selters
169-2 Wippenbach
169-4 Blick auf die mittelalterliche Ausmalung der Ev.Kirche in Usenborn
169-5 Turm und spätgotisches Portal der Ev.Kirche in Ortenberg
169-6 Fachwerkhaus in Ortenberg
169-7 Haustüridylle am Marktplatz
169-8 Portal und Maßwerkfenster der Kirche in Ortenberg
169-9 Der Marktplatz
169-10 Alte Marktstraße
169-11 Blick auf das Schloß der Fürsten zu Stolberg in Ortenberg. Der Turm stammt aus dem 16.Jh., seine Haube aus dem 19.Jh.
169-12 Durchblick durch die mittelalterliche Mauer auf das Schloß
169-13 Die Oberpforte in Ortenberg, ein hoher Torbau der Stadtbefestigung. Ein Gußerker am oberen Wehrgang schützt die Toreinfahrt.

169

169-1

169-2

169-3

169-5

169-6

169-7

169-4

169-8

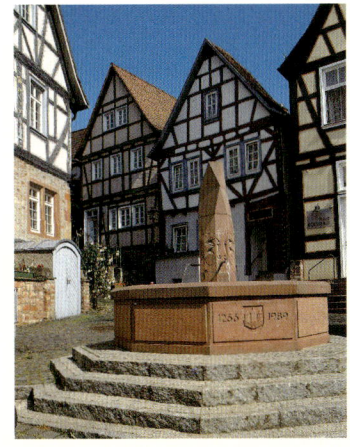

169-9

169-10

169-11

169-12

169-13

chen direkt neben dem Rathaus. Weitere Tagelöhnerhäuser gibt es noch in Steinfurth an der Hauptstraße und in Nieder-Florstadt. Hier reihen sich die Arbeiterhäuser der für den Ort einst typischen Pflasterer entlang der Niddastraße. Jetzt entstand nämlich neben der landwirtschaftlich geprägten Mittelschicht in den Gemeinden eine selbstbewußte Arbeiterschaft mit eigenem Vereinsleben und eigenen Kneipen, meist in Bahnhofnähe, während die bäuerlichen Gaststätten im Ortskern um die Kirche lagen, so in Bruchenbrücken, Nieder-Wöllstadt, Okarben, aber auch in Dorheim, Beienheim und in Gambach. Viele Nebenstrecken sind heute von Stillegung bedroht, es findet aber auch Modernisierung statt wie z.B. zwischen Bad Vilbel und Stockheim oder zwischen Friedberg und Friedrichsdorf. Die Haltestelle Friedberg-Süd erschließt seit 2002 das Industriegebiet der Kreisstadt.

Die Industrialisierung

Durch die Bahn änderten sich aber auch die Städte. Der Aufschwung der Butzbacher Schuh- und Maschinenbauindustrie wäre ohne die Main-Weser-Bahn undenkbar. Beide Industriezweige haben mit der landwirtschaftlichen Umgebung zu tun. Aufgrund des Viehreichtums und der aus der Rinde der Taunuseiche gewonnenen Lohe hatte sich in Butzbach schon früher das Gerbergewerbe entwickelt, die Basis für die Schuhverarbeitung, die durch den Schuhmacher Jakob Rumpf ab 1877 maschinell betrieben wurde. Die Landmaschinenfabrik Tröster, die aus einer Griedeler Schmiede hervorging, belieferte die Bauern mit modernem landwirtschaftlichem Gerät. Die Neuansiedlung der Meguin Werke aus dem Saarland in den zwanziger Jahren hängt mit der politischen Entwicklung nach dem 1. Weltkrieg zusammen. Das neue Werk schuf 1923 2500 Arbeitsplätze und betrieb auch einen eigenen Wohnungsbau. Der Rückschlag war groß, als die Firma, inzwischen unter dem Namen Pintsch-Bamag, 1970 liquidiert wurde. Friedberg, die Behörden- und Schulstadt, öffnete sich der Industrie nur zögernd. Die politisch tonangebenden bürgerlichen Kräfte in der Stadt fürchteten das Anwachsen sozialdemokratisch denkender Bevölkerungsschichten. Die Aktienzuckerfabrik, deren süßlicher Geruch während der Herbstkampagne etwa 100 Jahre lang von 1883 an über der Stadt und über Fauerbach lag, verarbeitete das typischste landwirtschaftliche Produkt der Wetterau, die Zuckerrübe, und entwickelte sich direkt am Schienengelände des Güterbahnhofs. Nach dem Abriß der Anlage mit ihren markanten Silos in den neunziger Jahren des 20. Jahrhunderts entstand auf dem Gelände ein moderner Wohnpark. Umgekehrt blieb die wirtschaftliche Entwicklung in den bahnfernen Regionen des Ostkreises und im Vogelsberg stecken oder bildete sich sogar zurück, waren doch die Männer hier meist Wochenpendler oder blieben über eine ganze Saison weg, so daß das Dorf den Frauen überlassen blieb. Hier dominierte noch lange die aus Flachs gewonnene Leinenkleidung, während entlang der Bahnstrecken Fabrikwolle getragen wurde. Dort lebte man auf der „Zwirnseite". Für die angewachsene Dorfbevölkerung wurden im Großherzogtum um die Jahrhundertwende überall die typischen Schulgebäude errichtet.

Der Straßenbau

Im Jahre 1906 wurde ein weiteres Kapitel Verkehrsgeschichte in Friedberg aufgeschlagen, als auf der Strecke Friedberg - Ranstadt die Deutsche Reichspost die erste Automobilpost Deutschlands eröffnete. Hiermit war das Ende der Postkutschenzeit endgültig gekommen. Voraussetzung war aber ein moderner

Ranstadt

Ranstadt
Bellmuth
Bobenhausen
Dauernheim
Ober-Mockstadt

171-1

Straßenbau, wie er in der Wetterau seit der Napoleonzeit langsam Fortschritte machte. Im 18. Jahrhundert war die Friedberger Meile berüchtigt. Die Straße zwischen Friedberg und Butzbach führte durch fünf verschiedene Territorien und keiner der Landesherren hatte Interesse am Ausbau von diesen wenigen Straßenkilometern weit ab von seinem eigenen territorialen Zentrum in Darmstadt, Hanau oder Kassel. So waren die Wege tiefgründig und widersetzten sich jedem raschen Güter- und Personenverkehr. Achsenbrüche und Unfälle waren auf dieser Strecke an der Tagesordnung, sehr zum Vorteil des anliegenden Gewerbes, wie sich versteht. Aber mit dem Ende des 18. Jahrhunderts begann der Chausseebau, der befestigten Kunststraße gehörte die Zukunft. Das älteste Stück im Wetteraukreis ist das auf der heutigen B3 bei Dortelweil. 1814 war die Trasse der späteren B3 durchgängig befestigt. Das aufwendigste Bauvorhaben war auch hier in Friedberg zu bewerkstelligen, die Umgehung des Burgberges, um die steile Usagasse zu vermeiden. Sie war erst 1843 fertig. 1823 war auch die B45 Friedberg - Hanau befestigt. Hatten zuvor die widerstreitenden Territorialinteressen Baumaßnahmen verzögert, so gestalteten sich die Verhältnisse besser, als Hessen-Darmstadt seit 1806 alleine zuständig war und in Friedberg eine zentrale Straßenbaubehörde ihren Dienst aufnahm. Bald wurden folgende Strecken eröffnet: Friedberg - Wölfersheim 1824, Ilbenstadt - Stammheim - Ranstadt - Büdingen 1831, Friedberg - Bad Homburg 1842, Butzbach - Lich 1844, Nieder-Mörlen - Usingen 1845, Nieder Wöllstadt - Assenheim - Bingenheim und Staden - Echzell - Berstadt 1845. Die Benutzung dieser teuren Straßen war bis 1865 gebührenpflichtig, an den Chausseehäusern wurde das Chausseegeld erhoben. In Dortelweil, zwischen Friedberg und Bad Nauheim und südlich Bönstadt stehen sie noch. Das Dortelweiler Chausseehaus ist

171-1 Der doppelte Haubenhelm der Ev.Kirche in Ober-Mockstadt in der Baumblüte
172-1 Die kleine Dorfkapelle in Bellmuth
172-2 Häuser am Laisbach
172-3 Dachreiter in Ober-Mockstadt
173-1 Die Ev.Kirche in Ranstadt mit filigran gearbeiteter Wetterfahne
173-2 Rosen an der Hofmauer des ehemaligen Stolberger Hofgutes in Ranstadt

3-1

173-2

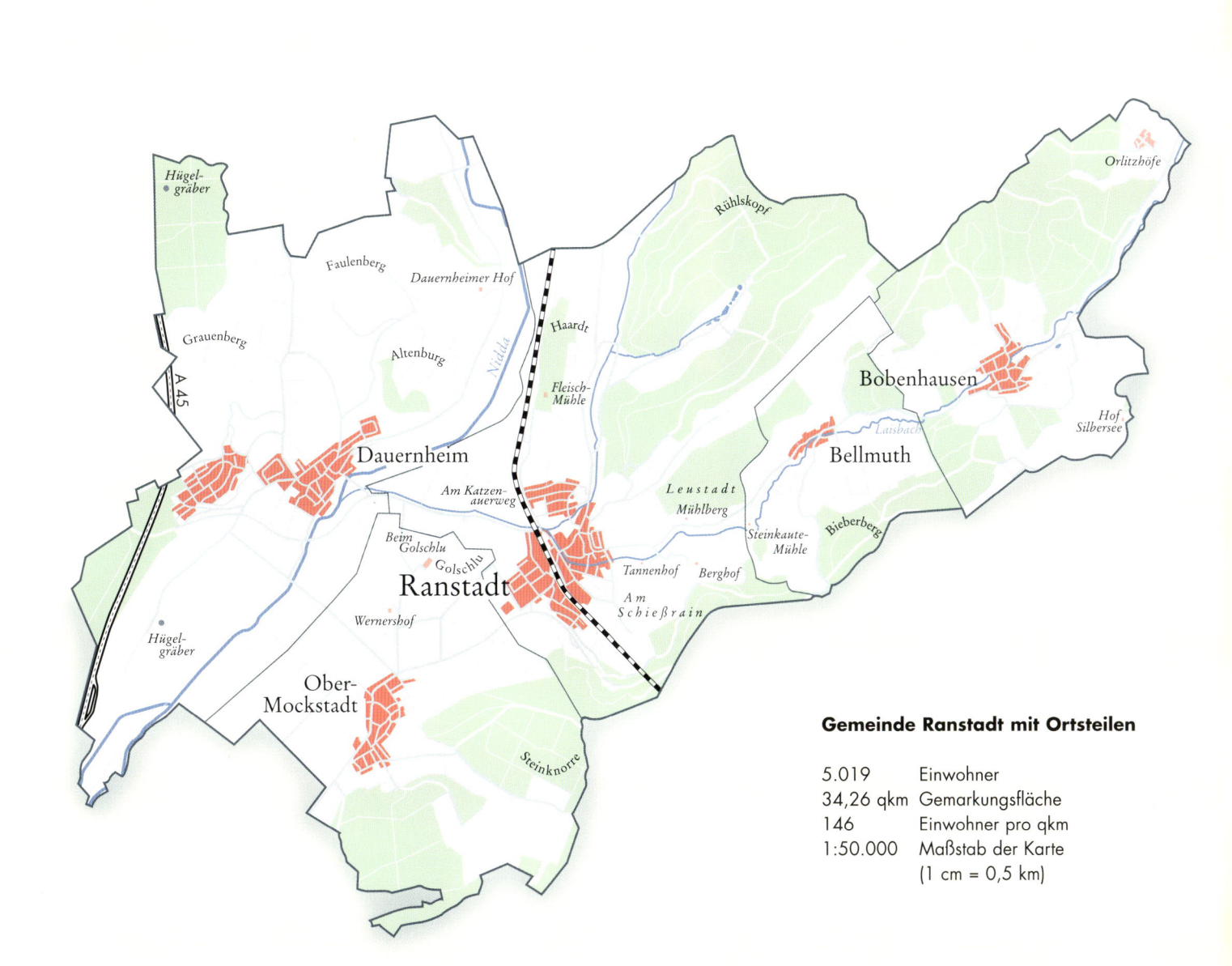

173

Gemeinde Ranstadt mit Ortsteilen

5.019	Einwohner
34,26 qkm	Gemarkungsfläche
146	Einwohner pro qkm
1:50.000	Maßstab der Karte (1 cm = 0,5 km)

mit dem Frankfurter Reichsadler und der Jahreszahl 1783 geschmückt. Die letzte Stufe des Verkehrsausbaus brachte dann die Autobahn. Der Verein Hafraba plante schon seit 1926 eine Autostraße Hansestädte - Frankfurt - Basel, die auch die Wetterau berührt. Die Pläne wurden dann im 3. Reich umgesetzt. Die Strecke Frankfurt - Bad Nauheim, die der alten Weinstraße folgt, wurde 1936 mit den Anschlußstellen Friedberg, Bad Nauheim und Butzbach dem Verkehr übergeben. Um die neue Bad Nauheimer Ortsumgehung sinnvoll anzubinden, wurde vor kurzem südlich Butzbach eine neue Anschlußstelle Bad Nauheim geschaffen, die alte in Ober-Mörlen umbenannt. Als die Sauerlandlinie über das Gambacher Kreuz in Richtung Hanau und Aschaffenburg verlängert wurde, erhielt auch der Ostkreis 1978 über die Anschlußstellen Münzenberg, Wölfersheim, Florstadt und Altenstadt eine Anbindung an das Autobahnnetz. Mit insgesamt 8 Anschlußstellen ist der Wetteraukreis gut versorgt. Entstanden früher Industriegebiete vorwiegend am Gleiskörper der Eisenbahn, so haben sich im Zuge dieser neuen Anbindung in autobahnnahen Gemeinden neue Gewerbegebiete gebildet, die ganz erhebliche Verkehrsströme erzeugen. Vor allem in Rosbach, Griedel, Berstadt und Nieder-Mockstadt ist diese Entwicklung zu beobachten.

Die Elektrifizierung

Neben der Modernisierung der Verkehrswege bedeutete die Elektrifizierung zu Beginn des 20. Jahrhunderts einen weiteren Wandel, der sich auch im Landschaftsbild der Wetterau niederschlug. Die Pläne für eine Versorgung Oberhessens mit Strom gehen auf Landesforstmeister Dr. Karl Weber aus Konradsdorf zurück. Er wollte die Wasserkraft der Vogelsbergflüsse Nidder und Hillersbach

174-1 Blick auf Bobenhausen
174-2 Charakteristisch für Dauernheim sind die Erdkeller am Kirchhügel. Sie dienten früher der Weinlagerung.
175-1 Verschiefertes Fachwerkhaus in Bobenhausen
175-2 Grabdenkmäler auf dem Friedhof in Dauernheim
175-3 Blick auf die Maßwerkfenster der Ev.Kirche in Dauernheim
175-4 Dorfstraße in Ober-Mockstadt

175-1 175-2 175-3 175-4

175

zur Energiegewinnung nutzen. Die Finanzierung wurde durch den Verkauf von Trinkwasser aus einem Brunnen bei Inheiden an die Stadt Frankfurt gesichert. Das Projekt des Hillersbachelektrizitätswerkes wurde aber durch andere Pläne überholt. Die Wetterauer Braunkohle sollte effektiver als nur zu Hausbrand genutzt werden. Der Braunkohlebergbau in der Wetterau geht auf das Jahr 1804 zurück, als Graf Vollrad von Solms-Rödelheim in Ossenheim das erste Bergwerk eröffnete. Hier, in Dorheim und in Bauernheim wurden sogenannte Formklötze hergestellt, eine Art Brikett für den Hausbrand. Dorn-Assenheim, Weckesheim und Wölfersheim folgten. Im Bereich des Horloffgrabens war der Abbau möglich, der damals ausschließlich im Tiefbau erfolgte. Die Vorkommen erstreckten sich in einer Nordsüdentfernung von 15 Kilometern von Utphe bei Hungen bis Ossenheim. Die Kohleschicht war 10 Meter mächtig und lag 35 Meter unter der Oberfläche. In Wölfersheim begann 1904 eine fabrikmäßige Produktion dieser Briketts, jetzt als Preßsteine. Der hessische Staat plante dann für Wölfersheim ein Braunkohlekraftwerk. Das Überlandwerk Oberhessen mit Sitz in Friedberg sorgte für die Leitungen. Die Bevölkerung stand dieser Neuerung eher skeptisch gegenüber, zumal die erste Kilowattstunde Strom den stolzen Preis von 40 Pfennigen kostete. Södel war die erste Gemeinde, in der am 28.02.1913 das Licht anging. 1923 ging auch das Nidder-Kraftwerk ans Netz. Am Braunkohlestandort Wölfersheim nahm 1929 ein neuer Kraftwerkstyp den Betrieb auf, ein Schwelkraftwerk, dessen gelbe Rauchwolken bis zur Stillegung 1954 vom Hoherodskopf aus sichtbar waren. Heute sieht man von dort oben die vergleichsweise sauberen Wolken der Niddaer Holzverarbeitungsindustrie. Um den Kohleabbau zu rationalisieren, begann 1929 in Wölfersheim ein erster Tagebaubetrieb mit Kabel- und Eimerkettenbaggern. Auch die werkseigene Grubenschmalspurbahn, die das Kraftwerk belieferte, prägte bis zur letzten Schicht 1991 das Bild der Landschaft zwischen Weckesheim und Wölfersheim. Das Schwelkraftwerk produzierte außer Strom auch eine Reihe von Mineralölprodukten wie Benzol, Heizöl und Schwelteer. Das alles verlieh der Wölfersheimer Gegend ihren unverwechselbaren Geruch. Auch die an den Ortsrändern in Wölfersheim und Weckesheim errichteten Bergarbeiterwohnungen mit ihren charakteristisch gerundeten Dächern gaben der Region etwas Typisches. 1954 wurde das Schwelkraftwerk stillgelegt und an seiner Stelle ein modernes Blockkraftwerk errichtet, dessen drei Schornsteine bis zur Sprengung das Landschaftsbild prägten. Im ehemaligen Wölfersheimer Tagebau, der inzwischen zum See geworden war, wurde eine Sprühanlage gebaut, um das Wasser aus dem Kraftwerk herunterzukühlen. Die Kohleversorgung wurde nun auch nicht mehr aus dem unrationellen Tiefbau gesichert, sondern bei Berstadt und Gettenau wurden neue große Tagebaubetriebe erschlossen und mit modernsten Schaufelradbaggern abgebaut. Der Abraum wurde in den ausgekohlten Teil des Tagebaus gekippt, so daß sich das Tagebauloch langsam durch die Gemarkung bewegte und am Schluß nur noch ein Restloch übrigblieb von der Größe der abgebauten Braunkohle. Diese Löcher haben sich in den letzten Jahren langsam mit Wasser gefüllt. Sie bilden zwischen Inheiden und Weckesheim zusammen mit der Horloffaue die sogenannte Wetterauer Seenplatte. Sie ist für Zugvögel eine wichtige Zwischenstation auf ihrer interkontinentalen Reise. Die Naturschutzzone bietet auch dem Storch wieder einen Lebensraum. Die Gemeinde Wölfersheim hat unter dem Verlust des Kraftwerkes sehr gelitten. Erst langsam siedeln sich neue Gewerbe auf dem ehemaligen Werksgelände an. Ein Verein

Reichelsheim

Reichelsheim
Beienheim
Blofeld
Dorn-Assenheim
Heuchelheim
Weckesheim

177-1

pflegt die Erinnerung an die Bergwerks- und Kraftwerkstechnik, das ehemalige Umspannwerk steht unter Denkmalschutz.

Der Antisemitismus und das 3. Reich

Die Modernisierung durch Industrie und Verkehr im 19. Jahrhundert wurde von Teilen der Bevölkerung keineswegs begrüßt, brachten sie doch soziale Veränderungen mit sich, die nicht für alle von Vorteil waren. Im Juni 1892 trommelte der Mitteldeutsche Bauernverein 10 000 Teilnehmer zu einem Volksfest mit Fahnenweihe in Arnsburg zusammen, wo der antisemitische Reichstagsabgeordnete Otto Böckel seine antijüdische Hetzkampagne betrieb. Juden, Junker und Kapitalisten waren die Feindbilder für die von der Modernisierung verunsicherte kleinbäuerliche Landbevölkerung gerade in der nördlichen Wetterau. Auch bei den sich durch die Industrialisierung benachteiligt fühlenden Gewerbetreibenden und Handwerkern in den Städten fand diese Bewegung ihre Sympathisanten. Die Forderung nach judenfreien Märkten sprach aber vor allem die Bauern an, die von jüdischen Viehhändlern Kredite genommen hatten. Bei der Reichstagswahl 1893 kristallisierte sich in Oberhessen die reichsweit stärkste antisemitische Bastion heraus. Es gab aber auch eine Gegenbewegung in der Wetterau. In Lindheim gründete der Schriftsteller Leopold von Sacher-Masoch einen Oberhessischen Verein für Volksbildung, um den „praktischen und geistigen Interessen" der oberhessischen Bauern zu dienen, um den sozialen Frieden wieder herzustellen und das sittliche Gefühl zu stärken. Dieser aufklärerische Versuch war eindeutig gegen die dumpfe Böckelpropaganda gerichtet. Die skandalumwitterte literarische Produktion des Autors, von dessen Namen sich der Begriff Masochismus ableitet, verdeckte aller-

177-1 Der nordöstliche Turm der Ortsbefestigung in Reichelsheim, der sogenannte Hexenturm
178-1 Flugbetrieb auf dem Flugplatz in Reichelsheim
178-2 Im Bergbaumuseum in Weckesheim werden die Erinnerungen an den Braunkohlebergbau wach gehalten.
178-3 Der Gemeindebrunnen in Dorn-Assenheim mit barockem Sturzbalken
179-1 Die Ev.Kirche in Beienheim, ein Saalbau aus dem 18.Jh., der Turm ist mittelalterlich.
179-2 Die gußeiserne Schwengelpumpe des Dorfbrunnens in Blofeld
179-3 Die Ev.Kirche in Heuchelheim aus dem 15.Jh. mit steilem gotischem Dach und Maßwerkfenstern

178-1

178-2

178-3

179-1

179-2

179-3

179

Stadt Reichelsheim mit Stadtteilen

6.796	Einwohner
27,60 qkm	Gemarkungsfläche
246	Einwohner pro qkm
1:50.000	Maßstab der Karte (1 cm = 0,5 km)

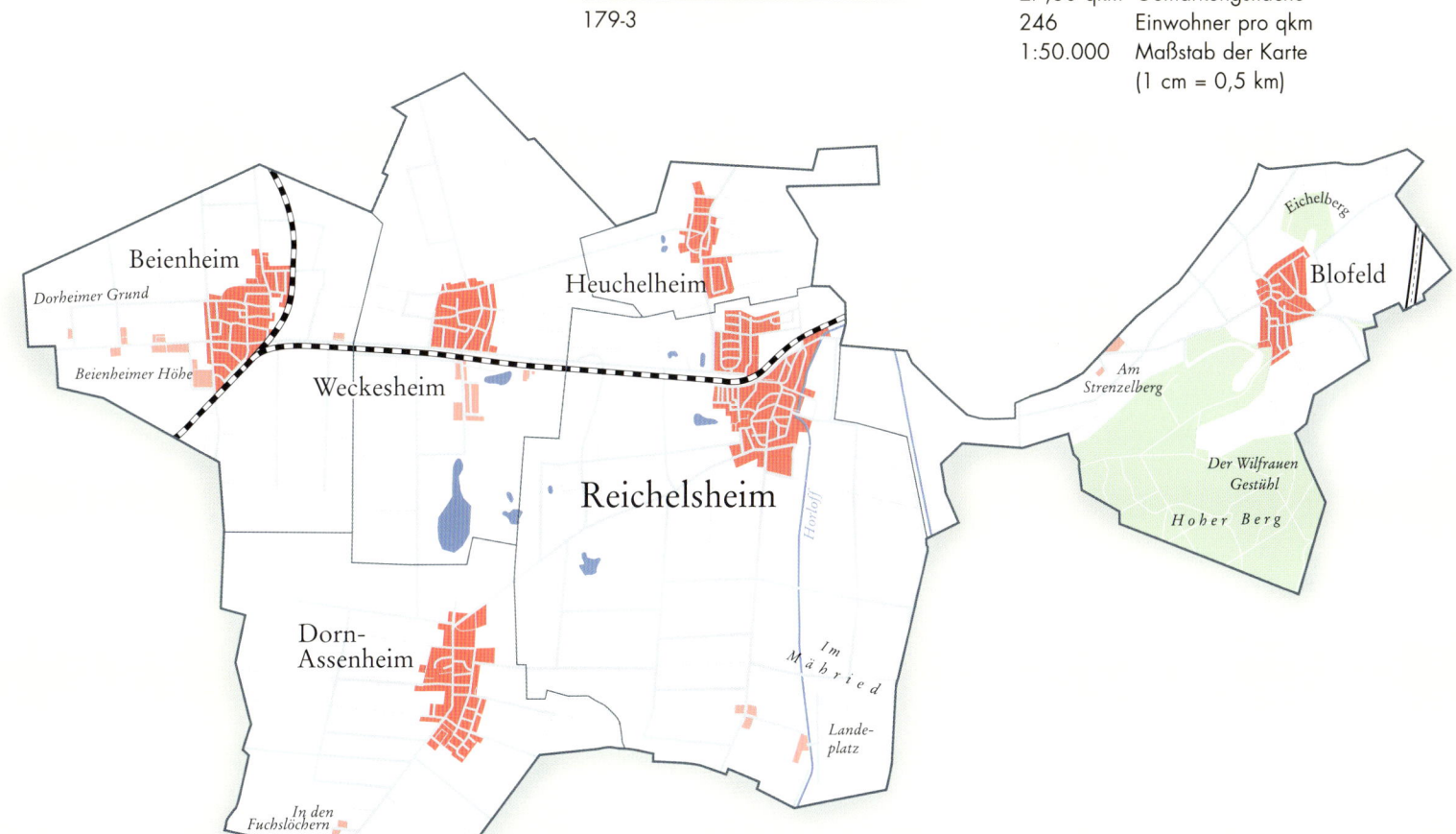

dings für die breite Öffentlichkeit sein soziales und politisches Engagement. Der Wirkung seines Vereins ist es mit zu verdanken, daß der Böckelkandidat in der Stichwahl im Wahlkreis Friedberg-Büdingen besiegt werden konnte, während die Antisemiten in Gießen-Nidda erfolgreich waren. Über Gesang- Musik- und Theatervereine wirkte Sacher-Masoch kulturell in die Landbevölkerung hinein. Er gründete eine Volksbühne und eine Volksbibliothek. Über Stipendien ermöglichte sein Verein jungen Landwirten den Besuch von Gewerbe- und Akkerbauschulen, um so über berufliche Qualifikation die Widerstandskraft gegen Volksverführer zu stärken. Trotzdem blieb der Antisemitismus in der Wetterau virulent. In den Jahren nach dem 1. Weltkrieg konnte Ferdinand Werner aus Butzbach mit dem Deutsch-Völkischen Schutz- und Trutzbund ohne weiteres an die Erfolge der Böckelbewegung anknüpfen. Bei der Reichstagswahl 1930 kamen die Nationalsozialisten im Volksstaat Hessen auf 18,5%, im Wahlkreis Friedberg allerdings auf annähernd 40%. In vielen Landgemeinden vollzog sich daher nach 1933 der Machtwechsel geräuschlos und entsprach in den meisten Fällen dem Willen vieler Menschen. In den Städten mit sozialdemokratischen Mehrheiten und in katholischen Gemeinden mußten die NS-Bürgermeister durch Tricks und Intrigen ins Amt gebracht werden. Beim Boykott gegen die jüdischen Geschäfte im April 1933 zeigte sich erstmals in der Öffentlichkeit, mit welcher Unverfrorenheit gegen die Juden vorgegangen wurde. Solange sich die Parteiaktivitäten zum eigenen Vorteil auswirkten, solange also unliebsame jüdische Geschäftskonkurrenz durch die Aktionen getroffen wurden, kam selten Kritik auf. Das gleiche galt auch bei den Maßnahmen während der Progromnacht 1938, als viele jüdische Geschäfte demoliert und Synagogen angesteckt wurden. In Friedberg ereignete sich der seltene

180-1 Reichelsheim, Denkmal für die Opfer des Kriegs von 1870/71 vor dem Rathaus
180-2 Getreidefeld bei Reichelsheim
180-3 Die spätgotische Ev.Pfarrkirche in Reichelsheim, der Turm trägt einen Wehrgang.
180-4 Blick vom Kronberg über die Wetterau zum Taunus, in der Bildmitte Altkönig und Feldberg
181-1 Fachwerkhäuser an der Kirche
181-2 Blick vom Kronberg auf Blofeld
181-3 Aussiedlerhof in der Gemarkung von Reichelsheim
181-4 Das Rathaus in Reichelsheim hat ein massives Untergeschoß aus dem 16.Jh. und einen Fachwerkaufbau im Stile eines Schweizer Hauses aus dem 19.Jh.
181-5 Die Alte Schule in Dorn-Assenheim diente später als Rathaus, heute ist sie eine Gastwirtschaft.
181-6 Kunst am Bau in der Kirchgasse in Reichelsheim
181-7 Anglersee bei Weckesheim, ein von der Natur zurückgewonnenes Restloch des ehemaligen Braunkohletagebaues

181

Fall, daß die alarmierte Feuerwehr auch tatsächlich versuchte, die Synagoge zu löschen und nicht nur die umliegenden Gebäude wie andernorts. In Bad Nauheim verlief diese Progromnacht wegen eines internationalen Kongresses verhältnismäßig gemäßigt. Die Synagoge wurde zwar demoliert, das Gebäude selbst aber kam nicht zu Schaden.

Das Kriegsende

Die Zustimmung, die dem Nationalsozialismus bis zum Jahre 1938/39 zugeflogen war, verringerte sich mit fortschreitendem Krieg und zunehmenden Verlusten an Soldatenleben und Opfern durch die Bombardierung der Großstädte spürbar. Und so konnte es auch kommen, daß das Ende des Zwangsstaates an manchen Orten ohne die ganz große Zerstörung vonstatten gehen konnte. Das Beispiel Friedberg soll hier kurz geschildert werden. Der Kampfkommandant, der seinen Gefechtsstand in der Burg hatte, sollte die zur Festung erklärte Stadt eigentlich bis zum letzten Mann verteidigen. Da sich die Parteigrößen aber beim Herannahen der Amerikaner bereits abgesetzt hatten und da ihm nur ganz unzureichende Verteidigungsmittel zur Verfügung standen, beschloß er die kampflose Übergabe, ein sehr heikles Unterfangen, weil in den eigenen Reihen immer noch genügend verteidigungsbereite Soldaten zu vermuten waren. Einer jungen Frau in der Burg gab er den Befehl, ein weißes Laken aufzuziehen, als er amerikanische Panzer am Ossenheimer Wäldchen gesichtet hatte. Ein bis zum letzten entschlossener Posten auf dem Adolfsturm verlangte jedoch sofort das Einholen dieser Fahne. Damit war der erste Übergabeversuch gescheitert. Die Initiative zum eigentlichen Erfolg ging dann von einem abenteuerlustigen amerikanischen Truppenkommandeur aus, der mit einem deutschen Leutnant als Vermittler von Fauerbach aus bis in die Burg vordrang und dort dem neuen Kampfkommandanten die Kapitulation anbot, andernfalls die Stadt durch Panzer und Flugzeuge total zerstört würde. Auch der neue Kommandant war eher übergabebereit als einen selbstmörderischen Kampf zu beginnen, und so ist Friedberg am 29. März 1945 kampflos gefallen und der amerikanische Colonel Smith heute noch ein gern gesehener Gast in der Stadt.

Nicht für alle verlief der sehr schwierige Wechsel von der Seite der deutschen Besiegten auf die Seite der amerikanischen Sieger so glimpflich. Vor allem für Soldaten konnte die vorzeitige Aufgabe Tod aus den eigenen Reihen bedeuten, das beherzte Weiterkämpfen aber noch wenige Tage vor Kriegsende Tod durch den Kampfeinsatz. Ganz unkalkulierbar war die Hoffnung, den Tag der Befreiung zu erleben, für Häftlinge und Zwangsarbeiter in den nationalsozialistischen Konzentrations- und Arbeitslagern. In Hirzenhain war das Buderussche Gußeisenwerk im Krieg in einen Rüstungsbetrieb der Breuerwerke Frankfurt umgewandelt worden, in dem Aggregate für den Tiger-Panzer hergestellt wurden. In drei Lagern waren unterschiedliche Kategorien von Zwangsarbeitern untergebracht. Es handelte sich überwiegend um Frauen, die an die Industrie ausgeliehen worden waren. Unmittelbar vor dem Einrücken der Amerikaner flüchtete ein SS-Stab aus Wiesbaden über den Vogelsberg. In Hirzenhain traf er zufällig ein, als ein neuer Frauentransport aus Frankfurt angekommen war und in dem überfüllten Lager für Verwirrung sorgte. Die SS führte eine Selektion durch und die ausgesonderten 81 Frauen und 6 Männer wurden im Morgengrauen des 26.03.1945 am Waldrand oberhalb Hirzenhains in Richtung Glashütten erschossen und in einem Massengrab verscharrt. „Das mit den Russenweibern ist erledigt" lautete die Vollzugsmeldung des Verantwortlichen. Er wurde später in einem Prozeß

Rockenberg

Rockenberg
Oppershofen

183-1

in Gießen abgeurteilt. Ein Kreuz erinnert heute am Waldrand an die Stelle des Massakers. Die Opfer sind nach mehreren Umbettungen jetzt in der Gedenkstätte Kloster Arnsburg beigesetzt.

Die Nachkriegszeit

Das Kriegsende bedeutete auch für die Wetterau eine Völkerwanderung ganz ungeheuren Ausmaßes. Überall in den Dörfern waren Ausgebombte aus Frankfurt und Hanau untergekommen, die wieder in ihre Wohnorte zurückstrebten. Überall gab es befreite Zwangsarbeiter, nicht nur in Rüstungsbetrieben, sondern auch bei sehr vielen Wetterauer Bauern. Sie wollten ebenfalls zurück. Und schließlich setzte sehr bald ein Strom von Heimatvertriebenen aus den Gebieten östlich der Oder und Neiße und aus dem Sudetenland ein, der die heimische Bevölkerung vor nicht geringe Unterbringungsprobleme stellte, den Neubürgern aber allerhand Schikanen und Ausgrenzungen zumutete. Langfristig haben sie unsere Gesellschaft und Wirtschaft bereichert und unsere Gemeinden vergrößert. Was in kleinen Behelfsheimen begann, in Wiesental mit dem Baumaterial aus den gesprengten Führerbunkern, gestaltete sich in den fünfziger Jahren zu ansehnlichen Siedlungen. Die markanteste befindet sich in Bad Vilbel. Auf einem ehemaligen Truppenübungsgelände hat das Hilfswerk der evangelischen Kirche in Hessen und Nassau für Ostpreußenflüchtlinge eine Mustersiedlung geschaffen, die nach der ostpreußischen Stadt Heilsberg benannt wurde. Reihenhauszeilen wechseln mit Einfamilienhäusern. In unmittelbarer Nachbarschaft entstand auch noch eine Sudetensiedlung. Die Katholische Pfarrkirche Verklärung Christi gehört zu den eigenwilligsten, aber auch schönsten modernen Bauten in der Wetterau. Die Evangelische Kirche für Hessen und Nassau war nach dem Krieg in

183-1 Blick durch das äußere Klostertor auf die ehemalige Zisterzienserinnenkirche Marienschloß in Rockenberg
184-1 Das barocke ehemalige Rentamt in Rockenberg
184-2 Der Haubendachreiter der Ev.Kirche in Rockenberg aus dem Jahre 1901 ist dem des nahen Marienschlosses nachempfunden.
184-3 Ringmauer und Wohnturm der ehemaligen Burg der Herren von Bellersheim in Rockenberg aus der Zeit um 1300
184-4 Naturschutzgebiet in der Nähe von Rockenberg
185-1 Häuserzeile in der Obergasse
185-2 Blick auf Rockenberg mit Marienschloß
185-3 Die Kath.Pfarrkirche St.Gallus in Rockenberg. Der achteckige Turm zeigt mit den Wichhäusern seinen mittelalterlichen Wehrcharakter. Die Kirche stammt aus dem 18.Jh., davor eine moderne Erweiterung.

184-1

184-2

184-3

184-4

185-2

185

5-1

5-3

Gemeinde Rockenberg mit Ortsteilen

- 4.099 Einwohner
- 16,14 qkm Gemarkungsfläche
- 254 Einwohner pro qkm
- 1:50.000 Maßstab der Karte
  (1 cm = 0,5 km)

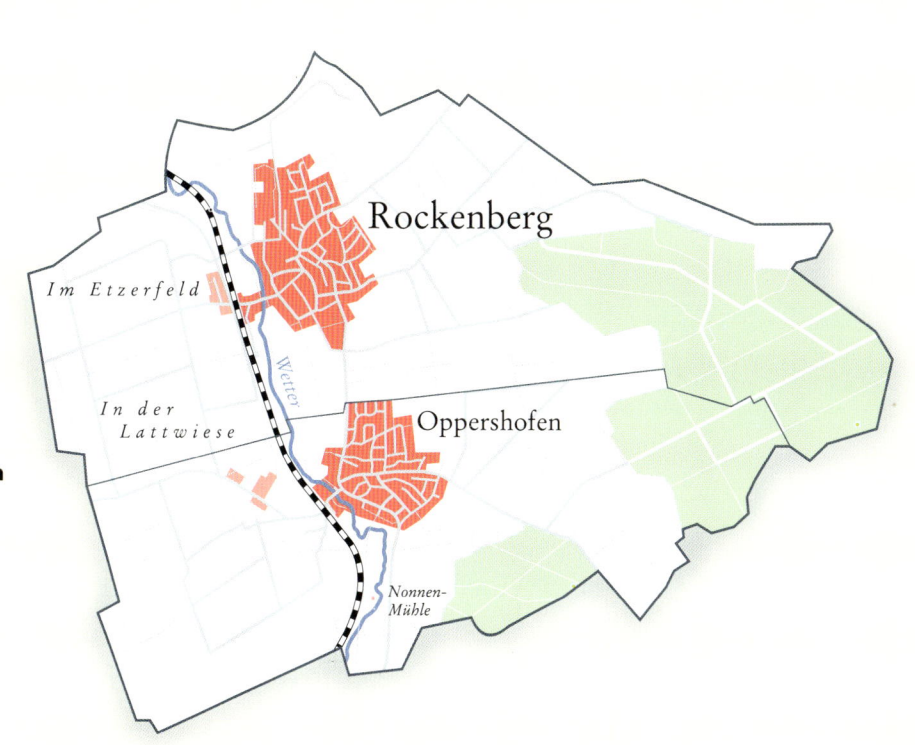

der Burgkirche in Friedberg gegründet worden. Der amerikanischen Besatzungsmacht verdankt Bad Nauheim einen Neubau der unmittelbaren Nachkriegszeit, der heute vielfach umgestaltet die Heimstatt der Roten Teufel vom EC Bad Nauheim ist, das Eisstadion, auf dessen Eis anfangs auch Frankfurter Eisgrößen wie Marika Kilius trainierten. Auch die Wiege der westdeutschen Publizistik steht in Bad Nauheim. Zum einen nahm von hier aus der Hessische Rundfunk seinen Sendebetrieb auf, zum anderen wurde hier der Vorläufer der dpa, die Deutsche Allgemeine Nachrichtenagentur DANA von den Amerikanern ins Leben gerufen. Internationale Aufmerksamkeit erhielt das moderne Bad Nauheim 1959 durch den Kuraufenthalt von König Saud von Saudi Arabien. Das inzwischen abgerissene Parkhotel wurde seine Residenz. Den Ruhm, den amerikanischen Rocksänger Elvis Presley in seinen Mauern beherbergt zu haben, müssen sich Bad Nauheim und Friedberg teilen, wo Elvis 1958/59 seinen Wehrdienst in den Ray Baracks ableistete, allerdings in Bad Nauheim wohnte. Die täglichen Fahrten zwischen Wohnung und Kaserne brachte in beiden Orten die Teenager auf die Straße, vor allem an die Kreuzungen, an denen erste Verkehrsampeln für einen kurzen Stop des Idols sorgen konnten. Beide Städte haben heute Plätze nach Elvis benannt.

Die Wetterau in Gegensätzen

Die größte Verwaltungsveränderung seit dem Reichsdeputationshauptschluß von 1803 erlebte die Wetterau durch die Gebietsreform von 1972. Die Kreise Friedberg und Büdingen bilden hinfort den Wetteraukreis. Büdingen mußte auf sein charakteristisches Autokennzeichen BÜD zugunsten von FB verzichten. Weitaus einschneidender war allerdings

186-1 Rathauserker mit der Figur des Ortsheiligen St. Bardo
186-2 Fachwerkrathaus in Oppershofen von 1725
186-3 Die Wetterbrücke in Oppershofen mit Wellenbrechern an den Pfeilern
186-4 Kath. Pfarrkirche St. Laurentius in Oppershofen, ein klassizistischer Bau aus dem 19. Jh.
187-1 Der Heilige Nepomuk auf der Wetterbrücke in Oppershofen

186-1

186-2

186-3

186-4

187

S. Johannes v.
Nepomuk bitt vor uns
1770

die Neubildung der Großgemeinden mit z.T. neuen und nicht sehr einfallsreichen Namen, wie Niddatal oder Limeshain, in denen früher selbständige Gemeinden aufgingen. Es wurden dadurch zwar leistungsstarke Verwaltungseinheiten gebildet, die die Müllabfuhr auch in entlegensten Orten organisieren, aber der Charme eines kleinen selbständigen Bauerndorfes, mit dem sich seine Einwohner identifizieren, ging verloren. Der Wetteraukreis erhielt ein Kreiswappen, das im oberen Teil den Friedberger Reichsadler, im unteren Teil die waagrechten roten Balken der alten Herren von Büdingen zeigt, getrennt durch das gewellte Band des namengebenden Flüßchens Wetter.

Längst ist die Wetterau nicht mehr des „Heiligen Römischen Reiches Kornkammer und Schatzkästlein". Die Zahl der hauptberuflichen Landwirte hat sich drastisch verringert. Mit hohem Kapitaleinsatz wird heute von wenigen Großbetrieben aus die Flur oft in mehreren Gemarkungen beackert. Seitdem die Zuckerfabrik in Friedberg ihre Tore geschlossen hat, rollen alljährlich im Spätherbst die LKW mit den rundumlaufenden roten Bändern von der Feldrainabholung in die Zuckerfabrik nach Groß-Gerau.

Den größten Wandel hat inzwischen die Region Karben erlebt. Hier ist aus den Dörfern Groß- und Klein-Karben der Kern einer Stadt herangewachsen, der die Ortsteile Okarben, Burggräfenrode, Rendel, Kloppenheim und Petterweil deutlich dominiert. Das Gewerbegebiet hat die Niddatalaue verschwinden lassen. Das Verwaltungszentrum der Großgemeinde ist an der Bahnhofstraße in einem großzügigen Neubaugebiet mit Rathaus und Stadthalle entstanden. Auch der Ortsteil Dortelweil von Bad Vilbel hat westlich der Frankfurter Straße die Ansiedlung von modernen Dienstleistungsbetrieben und daran anschließend die Entstehung ausgedehnter Wohngebiete für 5000 Neubürger erlebt, die den Charakter des Ortes gänzlich verändern und urbanes Leben in der südlichen Wetterau entstehen ließen. Weil hier deutliche Standortvorteile für Dienstleistungsunternehmen gegenüber der Mainmetropole bestehen, wird sich dieser Trend fortsetzen.

Neben diesen modernen Ortsbildern gibt es in der Wetterau aber auch noch ländlich geprägte Siedlungen, selbst wenn die landwirtschaftlichen Erzeugnisse nicht mehr die Wirtschaft bestimmen. Bellmuth, Bleichenbach und nach dem Rückbau der Ortsdurchfahrt auch Echzell sind Beispiele dafür. Gärten und Streuobstwiesen betten Dörfer noch immer in die Ackerflur ein. Die Fahrt von Nieder-Florstadt her auf Altenstadt zu erlaubt noch einen Blick in eine solche Baumlandschaft. Der Blick über die Obstbäume und Gärten von Hoch-Weisel hinüber zur Burg Münzenberg gehört zu den schönsten in der Wetterau. Münzenberg ist durch Obstgärten in die Landschaft eingepaßt ebenso wie der Kirchhügel von Selters. Die Gemeinden Ockstadt und Rosbach sind heute noch bekannt durch ihre ausgedehnten Kirschbaumkulturen, die am Hang östlich der Autobahn bis zu den Dörfern hinunter im Mai während der Blüte ein unbeschreiblich schönes Bild darstellen und Wanderer anlocken, auch wenn das Kirschblütenfest in Rosbach oft verregnet ist. Oberhalb der Kirschbaumkulturen zwischen Ockstadt und Ober-Rosbach ist am Löwenhof ein zeitgemäßer 18-Loch-Golfplatz entstanden, der den Wandel der Wetterau vom Agrarland hin zur modernen Dienstleistungsregion verdeutlicht. Einer anderen landwirtschaftlichen Spezialkultur begegnen wir im Rosendorf Steinfurth. Seitdem Heinrich Schultheis von seiner Wanderschaft nach England 1868 die Kunst der Rosenzucht in seinen Heimatort gebracht hatte, sahen viele Steinfurther Bauern, die sich seither als Landarbeiter auf den Löwschen Gütern verdingt hatten, eine

Rosbach

Nieder-Rosbach
Ober-Rosbach
Rodheim

189-1

wirtschaftliche Zukunft. Es war die Zeit der Industrialisierung, in der sich auch ein Markt für Schnittblumen entwickelte. Die Firma „Gebrüder Schultheis, Rosisten" machte Steinfurth zu einem Zentrum der Rosenzucht in Deutschland. Sie vermehrten die Rosenstöcke im Feldanbau und brachten veredelte Sorten auf den Markt. Zehn Jahre nach der Firmengründung sind es bereits eineinhalbtausend Sorten. Auch andere Steinfurther Bauern folgten dem Beispiel der Pioniere Schultheis und nutzten ihre kleinen Parzellen intensiv zum Rosenanbau. Dadurch kam allmählich Wohlstand in den Ort, der es erlaubte, gutsherrliche Flächen hinzuzupachten und die Beriebe auch zu extensivieren. Da der Rosenanbau die Böden stark beansprucht, müssen die Felder ständig wechseln. Längst sind daher die bunten Schläge im Sommer in vielen benachbarten Wetteraugemeinden zu erkennen. Das Geschäft machen die Rosenbauern längst nicht mehr mit der verschwenderischen Blütenpracht, die heute beim Rosenfest den Korso ziert, sondern mit ihren veredelten Stöcken, die sie weltweit exportieren.

Auch die für die Dorfränder so charakteristischen Scheunenkränze gibt es noch in Melbach, Blofeld, Nieder-Mörlen, Oppershofen und Gambach. Wenn eine Umnutzung in zweckdienlichen Wohnraum gelingt, sind sie auch andernorts zu erhalten.

Die Ortsbilder im Norden sind noch am wenigsten verfälscht und erhalten und geprägt durch die Hüttenberger Hoftore. Dabei wird die dreiseitig umbaute Hofreite zur Straße hin durch eine Toranlage geschlossen, die manchmal sogar überdacht ist. Die beiden großen Torflügel dienten als Einfahrt für die Fuhrwerke. Die niedrigere Personenpforte daneben läßt oben ein quadratisches Feld frei, in dem die Zimmerleute ihrer Fantasie freien Lauf ließen. Meist sind sie von geraden Kreuzen oder Andreaskreuzen gefüllt, anderen gereichen

189-1 Der spätgotische Wehrturm mit Rundbogenfries aus dem 15.Jh. im ehemaligen Westerfelder Hof in Ober-Rosbach
190-1 Wappenausleger und Gerichtssymbole am Alten Rathaus in Ober-Rosbach
190-2 Fachwerkhaus in der Nieder-Rosbacher-Straße
190-3 Straßenzug in Ober-Rosbach
190-4 Der gußeiserne Marktbrunnen
191-1 Schiff und Haubenhelm der Ev.Kirche in Ober-Rosbach stammen aus dem 18.Jh., der Turm ist mittelalterlich.
191-2 Blick in die Baidergasse
191-3 Westliches Kastelltor und Brunnen im Römerkastell Kapersburg am Limes im Wald bei Ober-Rosbach

191-1

191-2

191-3

191

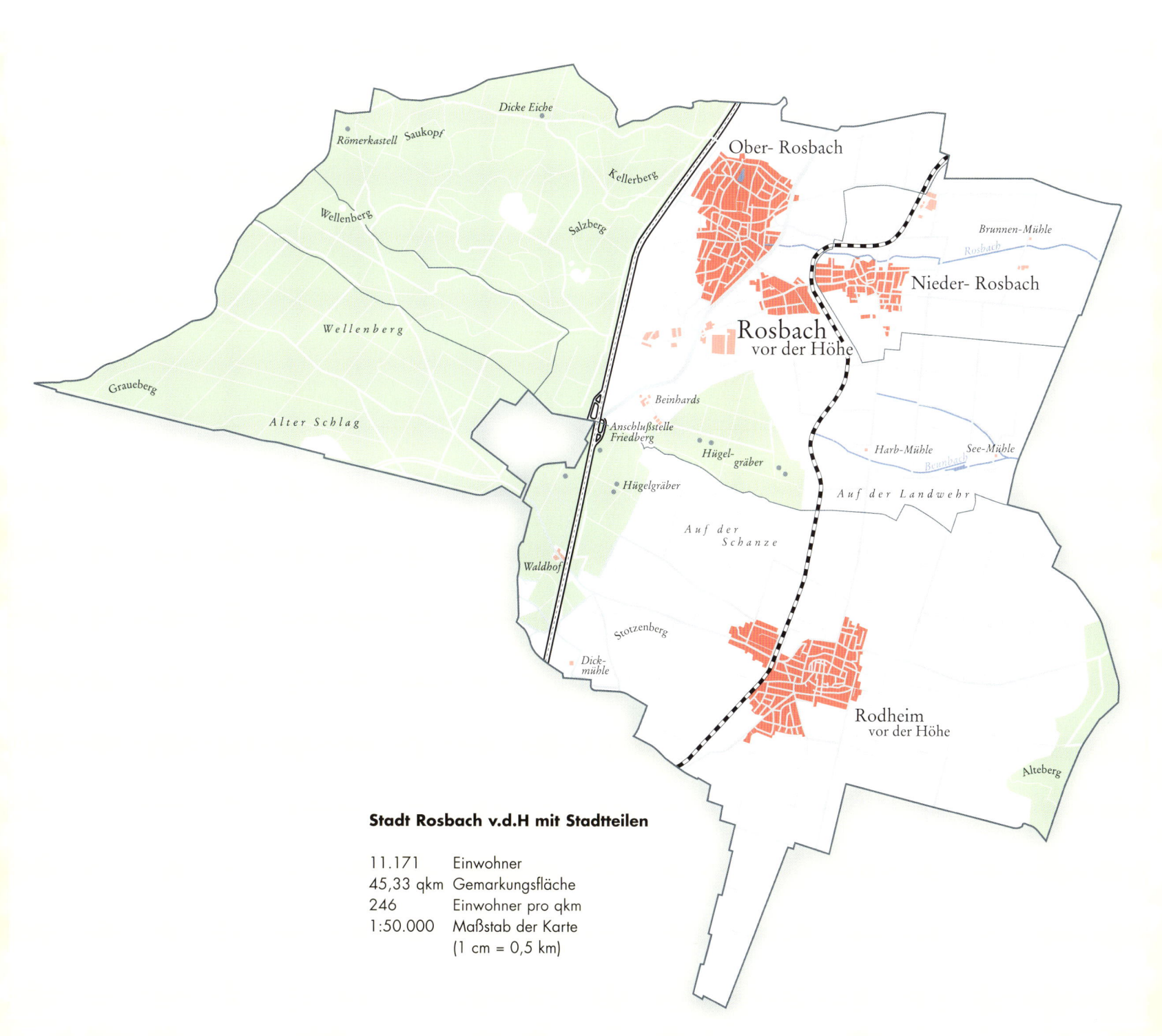

Stadt Rosbach v.d.H mit Stadtteilen

11.171	Einwohner
45,33 qkm	Gemarkungsfläche
246	Einwohner pro qkm
1:50.000	Maßstab der Karte (1 cm = 0,5 km)

die geschnitzten Blätter zur Zierde, immer sind diese Felder aber aufwendig gestaltet. Die Straßenzüge in Kirch- und Pohl-Göns, in Nieder- und Ober-Mörlen, in Hoch-Weisel, Fauerbach und Griedel erhalten so bis heute ihre einmalige Geschlossenheit. Schmuckformen lassen sich auch durch kunstvolle Verschieferungen erreichen, wie ein Beispiel in Leidhecken in der Unterdorfstraße zeigt. Wer durch Nieder-Mockstadt fährt, sollte den Kopf noch höher recken als zu den Hoftoren, sonst entgehen ihm die für den Ort typischen Dachreiter, Firstziegel mit kleinen Tonfiguren. Die meisten zeigen Reiter auf Pferdchen, manchmal mehrere hintereinander zu kleinen Zügen gereiht. Der Brauch ist noch lebendig, so daß auch Neubauten diese Zier hie und da übernehmen.

Auch gut erhaltene Fachwerkrathäuser tragen zum dörflichen Charakter vieler Gemeinden bei, auch wenn sie längst nicht mehr Sitz einer Gemeindeverwaltung sind. Das Münzenberger wurde bereits vorgestellt. Das Ortenberger hatte ursprünglich im Parterre eine offene Halle, über der sich ein künstlerisch reich gestaltetes Obergeschoß mit Giebel erhebt. Das schlichtere Beispiel in Wohnbach wirkt im massiven Untergeschoß noch altertümlich. Über seinem klar gegliederten Fachwerkgeschoß erhebt sich dann aber ein barockes Mansarddach mit Dachreiter und Wetterfahne. Das besonders schöne Rathaus in Ostheim wurde mustergültig restauriert und wird gastronomisch genutzt. Hier ist eine vernünftige Umnutzung gelungen, aber im Ganzen stellen die durch die Gebietsreform leer stehenden Rathäuser denkmalpflegerische Problemfälle dar. Auch in Aulendiebach konnte das barocke Rathaus im Dorfkern dank einer Initiative erhalten und genutzt werden. In Oppershofen trägt das Rathaus zur Straße hin einen schönen dreiseitigen Erker mit einer Darstellung des Ortsheiligen St. Bardo, Erzbischof von Mainz, in einer

192-1 Die ehemalige Wasserburg in Nieder-Rosbach ist ein Fachwerkhaus aus dem 18. Jh. auf massivem Untergeschoß. Die Bogenbrücke überspannte den Wassergraben.
192-2 Der ehemalige Faselstall in Rodheim war Teil der Hofreite des Hanauer Amtshauses, heute Rathaus.
192-3 Der alleinstehende hohe Chorturm der abgerissenen mittelalterlichen Rodheimer Pfarrkirche
192-4 Die heutige Ev.Kirche in Rodheim ist ein barocker Saalbau mit abgeschrägten Ecken.
193-1 Die Ev.Kirche in Nieder-Rosbach. Der mittelalterliche Turm trägt eine dreifach gestufte welsche Haube.

193

Nische, der aus diesem Ort stammt. Öffentliches Leben in den Dörfern war aber nicht nur eine Angelegenheit von Bürgermeistern und Gemeinderäten, sondern die Gemeinden boten eine Menge von Dienstleistungen an, von denen noch liebevoll erhaltene Relikte zu finden sind. Wer denkt schon daran, wenn er in Ebersgöns auf den Bus wartet, daß ihm das ehemalige Leiterhäuschen als Unterstand dient, in dem für den Brandfall Feuerhaken und Leitern für jedermann zugänglich waren. In Trais-Münzenberg ist ein solches Leiterhaus neben dem Spritzenhaus erhalten. Spritzenhäuser als Zeichen dörflicher Solidarität in Feuersnot stehen noch in Stammheim, Reichelsheim und Berstadt.

Selbstverständlich verfügen auch diese Orte inzwischen in ihren Großgemeinden über moderne Feuerwehrstützpunkte. Die Wasserversorgung erfolgte vor der Einführung der Kanalisation über öffentliche Brunnen, von denen ein besonders schöner in Södel steht. Sie wurden nicht nur ihrem Zweck entsprechend genutzt, sondern dienten auch als wichtiges Kommunikationszentrum. Sie waren Sozialstation, aber auch Herd verleumderischen Klatsches, wie er im Faust in der Szene am Brunnen angedeutet ist, die man sich an den Brunnen in Klein-Karben oder Ober-Rosbach gut vorstellen kann. In Kaichen und Wölfersheim sind diese Brunnen so gestaltet, daß das Wasser durch abgetreppte Becken fließt, die als Viehtränke benutzt wurden. Dagegen wirkt der barocke Sandsteinziehbrunnen in Dorn-Assenheim weniger bäuerlich als nahezu feudal. Speziell für den Hausgebrauch wurden auch Pumpen aufgestellt, die bereits Industrieprodukte darstellen. Die in Blofeld und Rockenberg stehen unter Denkmalschutz. Auch das Brotbacken überforderte den Durchschnittshaushalt, so daß es in den Dörfern öffentliche Backhäuser gab. Das in Ebersgöns steht inmitten einer intakten dörflichen Gesamtanlage. In Hoch-Weisel, Schwickartshausen und Wolferborn können sie noch heute benutzt werden. Backhausfeste sind zur beliebten Konkurrenz zur Kirmes im dörflichen Festkalender geworden.

Die Museen

Ein kulturelles Dienstleistungsangebot bedeuten die verschiedenen Museen. Zu den großen Häusern in den Städten sind inzwischen viele kleinere hinzugekommen. Das Wetterau-Museum in Friedberg, das Heuson-Museum in Büdingen und das Museum der Stadt Butzbach verkörpern die traditionsreichen städtischen Museen. Sie sind einst aus den Sammlungen der örtlichen Geschichtsvereine hervorgegangen, das in Büdingen steht noch heute in der Trägerschaft des Vereins. Sie bieten in moderner Museumsdidaktik den historischen Überblick von der Vor- und Frühgeschichte über Kelten, Römer und Mittelalter bis zur Neuzeit mit unterschiedlichen Schwerpunkten. Büdingen sorgt durch Sonder- und Wanderausstellungen in den historischen Räumen des Rathauses immer wieder für Abwechslung. Das Heuson-Museum verbindet in einer Synopse städtisch-regionale Vorgänge jeweils mit der weitläufigen Geschichte. Die große Holzplastik des Bischofs Remigius mit dem Modell seiner Kirche erinnert an den ältesten Büdinger Bau, die Remigiuskirche in Großendorf. Hinter dem historischen Rathaus ist auch das Uraltrathaus von 1400 mit seiner Verkündigungslaube, von der aus der Bürgermeister der Bürgerschaft den Willen des fürstlichen Stadtherren verkündigte, in das Museum einbezogen. Auch das dazwischen liegende Stadtschreiberhaus soll Bestandteil der Büdinger Museumsinsel werden. In Butzbach gliedert sich ein großzügiger moderner Museumsneubau harmonisch an das alte Solms-Braunfelser Amtshaus an. Neben den

Wölfersheim

Wölfersheim
Berstadt
Melbach
Södel
Wohnbach

195-1

traditionellen Museumsbereichen weist eine eigene Abteilung auf Butzbach im Zeitalter der Industrialisierung hin, denn Butzbach war die einzige Industriestadt in der Wetterau. Die Drehbank steht dabei für den Butzbacher Maschinenbau, die Schuhmodellsammlung für die Schuhfabrikation in einstmals fünf Fabriken. In Friedberg präsentieren sich vor allem die frühgeschichtliche, römische und neuerdings die keltische Abteilung sehr modern. Neben den römerzeitlichen Funden sieht man altsteinzeitliche Pebbletools, die in die Frühzeit der Menschheitsgeschichte in der Wetterau zurückreichen und auf ein Alter von 300 000 Jahren geschätzt werden. Die stadtgeschichtliche Abteilung Mittelalter und frühe Neuzeit blickt einer Neukonzeption entgegen. Neuerdings demonstriert ein Kaufladen der Kaiserstraße aus der Zeit um die Jahrhundertwende den Wandel in der Geschäftswelt während der letzten 100 Jahre. Das Heimatmuseum in Nidda hat sich das Handwerk zum Schwerpunkt gesetzt und vermittelt unter der Überschrift vom Flachs zum Leinen vor allem Einblicke in die Textilproduktion früherer Zeiten. Auch die Blaufärberei mittels Waid und Blaudruck gehören dazu. Kohdener und Unter-Schmittener Tontöpfe und Gebrauchsgeschirr ergänzen die auf das bäuerliche Wirtschaften konzentrierte Sammlung. Ähnliches gilt für Groß-Karben, wo man sich vor allem auf landwirtschaftliche Geräte spezialisiert hat, einen Schwerpunkt, den das Wetterau-Museum in Friedberg ebenfalls seit langer Zeit besitzt. Neben der Landtechnik und der Hausschlachtung bieten in Karben Dorfladen, Dorfschule sowie häusliche Themen wie bürgerliches Zimmer, Kinderstube, Wasch- und Bügelzimmer Einblicke in die Hauswirtschaft der letzten 150 Jahre. Das trifft auch für das Heimatmuseum Echzell zu. Es ist in der restaurierten Scheune eines barocken Edelhofes der Familie von Geismar und von

195-1 Der Schalenturm der ehemaligen Stadtbefestigung in Wölfersheim ist heute zu Wohnzwecken umgenutzt.
196-1 Der Brunnenstock des Wölfersheimer Brunnens steht in einer großen Viehtränke.
196-2 Die ehemalige Zehntscheune des Solmser Herrenhofes
196-3 Die Ev.Kirche in Wölfersheim, ein querrechteckiger Saalbau zeigt zum Ort hin eine prunkvolle Barockfassade.
196-4 Der Kirchturm war der Wehrturm der ehemaligen Solmser Burg. Für die kirchliche Nutzung erhielt er einen kunstvoll gestaffelten Haubenhelm.
197-1 Der Kirchturm in Berstadt ist der wuchtigste in der Wetterau. Er stammt aus dem 13.Jh., sein Haubenhelm mit den ebenfalls geschweiften Eckürmchen stammt aus dem 17.Jh.
197-2 Turm der Wölfersheimer Stadtbefestigung mit vorkragendem umlaufendem Wehrgang
197-3 Ehemalige Bergarbeitersiedlung in Wölfersheim

196-1

196-2

196-3

196-4

197-1

197-2

197-3

197

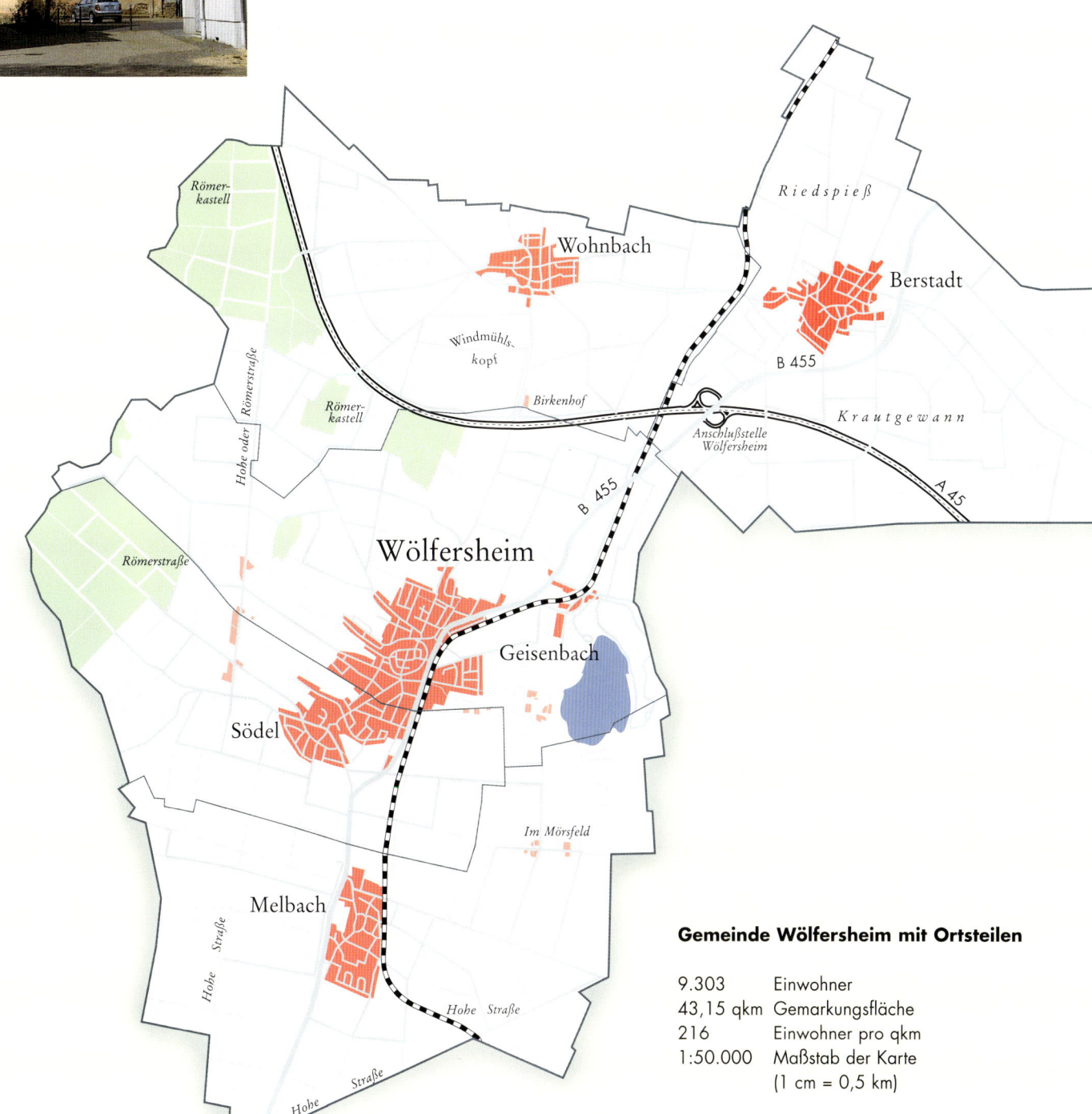

Gemeinde Wölfersheim mit Ortsteilen

9.303	Einwohner
43,15 qkm	Gemarkungsfläche
216	Einwohner pro qkm
1:50.000	Maßstab der Karte (1 cm = 0,5 km)

Nordeck zu Rabenau eingerichtet worden und zeigt als Besonderheiten eine Sattlerwerkstatt, die Flachsverarbeitung und Apothekenutensilien. Die gut ausgebaute römische Abteilung präsentiert Funde aus dem großen Reiterkastell und seinem anschließenden vicus. Römerzeit, dörfliches Leben und eine Münzsammlung zeigt das kleine Heimatmuseum in Langenhain. Auch die Sammlung des Rodheimer Geschichtsvereins dokumentiert die breite örtliche Geschichte. In Kefenrod und Wenings wird hierbei der Schwerpunkt auf die bäuerliche Küche gelegt.

Gegenüber diesen dem ländlichen Arbeitsleben gewidmeten Museen öffnet das Schloßmuseum Assenheim in den möblierten Schloßräumen Einblicke in die feudale Adelswelt. Anders das Schloßmuseum in Ortenberg, wo den Militaria und der Jagd breiter Raum gegönnt wird. Daneben werden wertvolle Zinn- und Kupfergeräte gezeigt sowie Eichmaße und die Burgapotheke. Eine solche ist auch Bestandteil der Führung durch das Büdinger Schloßmuseum, die die wichtigsten Räume des vom Fürstenhaus bewohnten Schlosses zeigt. Ein ausgesprochenes Spezial-, weil Firmenmuseum ist das Brunnenmuseum in Rosbach. Es zeigt die Entwicklung der Mineralwassergewinnung seit der Römerzeit und verbindet mit der Geschichte der Flasche und der Abfülltechnik einprägsam allgemeine Wirtschafts- und Technikgeschichte mit der Firmengeschichte des Rosbacher Brunnens. Ähnliches zeigt auch das Bad Vilbeler Brunnen- und Heimatmuseum. Auch das Kunstgußmuseum in Hirzenhain ist ein Firmenmuseum, das über die Kunstgußtradition der Buderusschen Eisenwerke informiert, von den Ofenplatten bis hin zu filigranem Eisenschmuck. Ein anderes Spezialmuseum befindet sich in Lißberg. Es widmet sich den Musikinstrumenten, wobei die Entwicklung der einzelnen Gattungen seit der Zeit der Abbildung

198-1 Schönes Fachwerkhaus in Melbach aus der Zeit um 1800, links die wehrhafte Kirchhofsmauer
198-2 Die Ev.Kirche in Melbach aus dem Anfang des 19.Jhs.
198-3 Reste des einst markanten Melbacher Scheunenkranzes am Rande der Ortsbebauung
199-1 Ehemaliges Fachwerkrathaus in Wohnbach mit massivem Unterbau und Dachreiter, davor der Dorfbrunnen
199-2 Große Fachwerkhofreite in Wohnbach, am linken Giebel reiches Schnitzwerk
199-3 Der Dorfbrunnen in Södel, im Hintergrund das Pfarrhaus
199-4 Die Ev.Kirche in Wohnbach mit quadratischem Dachreiter und Haubenhelm

199-1

199-2

199-3

199

auf den Kupferstichen des Michael Prätorius veranschaulicht wird. Praetorius hatte in seinem Syntagma Musicum 1619 die Musikinstrumente seiner Zeit genau erfaßt und abgebildet. Einmalig ist die Sammlung von Drehleiern und Dudelsäcken. Auch das Diasporamuseum in Bad Vilbel ist ein Spezialmuseum, das sich die Aufgabe stellt, jüdisches Leben in der Diaspora zu dokumentieren. Dabei wird vor allem der kulturelle Verlust deutlich, der durch die nationalsozialistische Rassenpolitik eingetreten ist. Bad Nauheim hat sein bedeutendes Salzmuseum z. Zt. leider verpackt, weil nach dem Verkauf des Teichhaus-Schlößchens noch kein geeigneter Raum gefunden werden konnte. Früher vermochte es als Spezialmuseum für Salzgewinnung die Salinengeschichte von der Keltenzeit an zu dokumentieren und auch Einblick in die sozialen Verhältnisse in der vorindustriellen Zeit zu geben. Über das Heilbad informierte eine Ausstellung über berühmte Ärzte und Kurgäste. Eine Fotoserie über die Großbaustelle des Jugendstilbades 1905 bis 1909 und ein Modell rundeten die Ausstellung ab, die dringend eine neue Bleibe braucht. Im Eisenbahnmuseum bietet Bad Nauheim nicht nur die größte Draisinensammlung Deutschlands, sondern auch die Möglichkeit, mit dem historischen Dampfzug durchs Wettertal nach Münzenberg zu dampfen. Einen besonderen Glanzpunkt in der Wetterauer Museumslandschaft setzt das Rosenmuseum in Steinfurth. Werkzeuge und Arbeitskleidung der Rosenbauern dokumentieren die mühevolle Arbeit an der edlen Blume und die Zuchtergebnisse von der Hagebutte zur Edelrose. Mit der Hoffnung, daß das kleine Heimatmuseum in Glauberg entsprechend der Bedeutung der neuen Glaubergfunde zu einem großen Landesmuseum ausgebaut werden möge, schließt sich der Kreis unserer Betrachtung der Wetterauer Kultur und Geschichte. ∎

Der diesen Bildband begleitende Text ist keine wissenschaftliche Abhandlung, wiewohl er auf der Lokalgeschichtsschreibung der Wetterau aufbaut. Der guten Lesbarkeit halber wurde auf Fußnoten und Quellenangaben verzichtet, aber insbesondere Hans-Helmut Hoos, Michael Keller, Johannes Kögler, Michael Losse, Prof. Dr. Herfried Münkler, Dr. Klaus Dieter Rack, Prof. Dr. Ulrich Schütte, Dr. Dieter Wolf und den Autoren zur Denkmaltopografie der Altkreise Büdingen und Friedberg sowie der Chronik Hessens bin ich zu großem Dank verpflichtet. Dank gilt auch Gabriele Händel für die Hilfe bei der Erstellung des Manuskripts und meiner lieben Frau für unermüdliche Korrekturen.

Hans Wolf
Im Dezember 2002

201

Wöllstadt
Nieder-Wöllstadt
Ober-Wöllstadt

201-1

201-1 Wöllstadt, idyllisches Plätzchen am Rosbach/Gänsbach
202-1 Blick von der Nidda auf Nieder-Wöllstadt
203-1 Reiches Fachwerkrathaus in Nieder–Wöllstadt. Die zweiläufige Freitreppe führt zu einem repräsentativen doppeltürigen Portal.

202-1

203-1

203

Gemeinde Wöllstadt mit Ortsteilen

6.026	Einwohner
15,38 qkm	Gemarkungsfläche
392	Einwohner pro qkm
1:50.000	Maßstab der Karte (1 cm = 0,5 km)

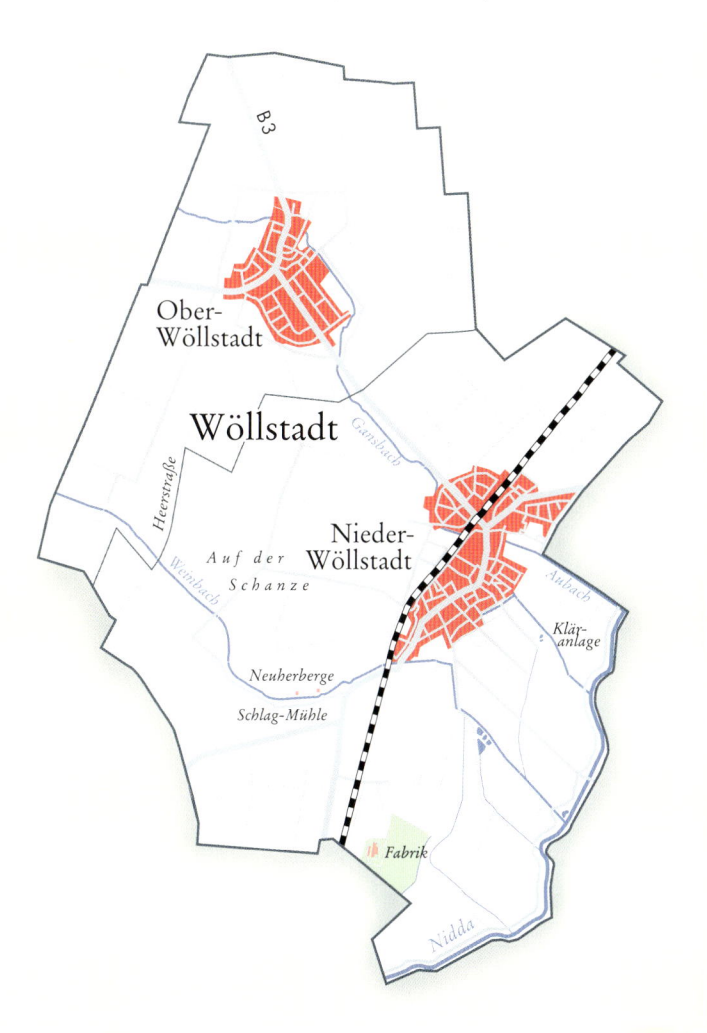

204-1 Turm der Kath. Pfarrkirche St. Stephan in Ober-Wöllstadt
205-1 Brunnen in Nieder-Wöllstadt
205-2 Hofgut Schwind in Nieder-Wöllstadt, ein stattlicher Barockbau aus dem 18. Jh.
205-3 Die Ev. Kirche in Nieder-Wöllstadt mit gestaffeltem Haubenhelm

204-1

205

205-1

205-2

ORTSREGISTER DES TEXTES

Altenstadt	14, 64, 94, 102, 174, 188
Arnsburg	11, 16, 32, 50, 70, 86, 92, 144, 178, 184
Assenheim	60, 68, 70, 76, 86, 90, 108, 116, 146, 148, 150, 166, 172, 198
Aulendiebach	192
Bad Nauheim	12, 16, 24, 26, 60, 76, 104, 112, 114, 130, 132, 134, 136, 138, 168, 172, 174, 182, 186, 200
Bad Vilbel	18, 60, 66, 100, 102, 134, 164, 168, 170, 184, 188, 198, 200
Bauernheim	26, 176
Beienheim	170
Bellmuth	188
Berstadt	28, 100, 172, 174, 176, 194
Bingenheim	28, 122, 154, 172
Bleichenbach	188
Blofeld	190, 194
Bönstadt	172
Borsdorf	11
Bruchenbrücken	12, 110, 170
Büches	106
Büdingen	24, 30, 34, 36, 38, 40, 42, 44, 60, 76, 84, 94, 96, 122, 124, 128, 146, 152, 160, 164, 166, 168, 172, 180, 186, 188, 194, 198
Burggräfenrode	64, 100, 154, 188
Butzbach	12, 14, 16, 18, 20, 22, 24, 28, 56, 62, 68, 74, 100, 118, 120, 122, 130, 160, 162, 164, 166, 168, 172, 174, 180, 194, 196
Dauernheim	104
Dorn-Assenheim	176
Dorheim	18, 158, 170, 172, 176, 194
Dortelweil	70, 160, 172, 188
Düdelsheim	26, 46
Ebersgöns	194
Eberstadt	86
Echzell	11, 14, 16, 18, 20, 22, 100, 158, 172, 188, 196
Eckartshausen	60, 94
Eichelsdorf	106
Engelthal	64
Enzheim	24
Fauerbach	192
Friedberg	11, 12, 14, 16, 18, 20, 22, 24, 30, 44, 46, 48, 50, 52, 54, 56, 58, 60, 62, 64, 66, 68, 74, 76, 82, 90, 100, 106, 108, 112, 114, 116, 118, 122, 136, 140, 142, 144, 146, 152, 162, 164, 166, 168, 170, 172, 174, 176, 180, 182, 186, 188, 194, 196
Gambach	60, 100, 108, 110, 166, 170, 174, 190
Gedern	124, 146, 150, 168
Geiß-Nidda	104, 106

Gettenau	176
Glashütten	182
Glauberg	12, 22, 26, 200
Griedel	102, 170, 174, 192
Groß-Karben	64, 100, 108, 134, 158, 188, 196
Heegheim	24
Herrnhaag	96, 126, 128, 130
Himbach	124
Hirzenhain	90. 140, 166, 182, 198
Hitzkirchen	102
Hoch-Weisel	24, 102, 188, 192, 194
Höchst a.d.Nidder	60, 64, 74, 158
Ilbenstadt	64, 76, 80, 82, 98, 172
Kaichen	64 ,82 , 100, 142, 158, 194
Kefenrod	198
Kirch-Göns	100, 192
Klein-Karben	46, 64, 74, 100, 188, 194
Kloppenheim	64, 144
Kohden	132, 196
Konradsdorf	84, 86, 158, 174
Langenhain	16, 24, 102, 198
Leidhecken	192
Leustadt	30, 46, 156
Lindheim	26, 62 , 68, 74, 76, 106, 152, 154, 178
Lißberg	144, 198
Maibach	164
Maria Sternbach	26, 104
Marienborn	124
Massenheim	168
Melbach	14, 112 , 190
Münster	118, 164
Münzenberg	12, 30, 32, 34, 46, 62, 64, 70, 72, 74, 82, 84, 86, 100, 116, 118, 136, 174, 188, 192, 200
Nidda	28, 98, 116, 118, 164, 166, 168, 176, 180, 196
Nieder-Florstadt	62, 112, 158, 174
Nieder-Mockstadt	174, 192
Nieder-Mörlen	114, 172, 192
Nieder-Rosbach	100, 134, 198
Nieder-Weisel	18, 26, 96, 98, 102, 106, 108
Nieder-Wöllstadt	100, 170, 172
Oberau	64
Ober-Florstadt	22, 24, 108, 170, 174, 188
Ober-Hörgern	74
Ober-Mockstadt	100
Ober-Mörlen	12, 26, 46, 100, 112, 156, 158, 174, 190, 192
Ober-Rosbach	26, 28, 100, 110, 174, 188, 194
Ober-Seemen	60, 108
Ober-Widdersheim	104, 106
Ober-Wöllstadt	68
Ockstadt	11, 16, 114, 116, 188
Oes	164
Okarben	18, 64, 146, 154, 170, 188
Oppershofen	190, 192
Ortenberg	148, 150, 192, 198
Ossenheim	11, 168, 176, 182
Ostheim	24, 26, 102, 110, 192
Petterweil	70, 162, 164, 166, 188
Pohl-Göns	26, 192
Ranstadt	158, 170, 172
Reichelsheim	68, 106, 194
Rendel	64, 108, 188
Rockenberg	24, 28, 32, 64, 94, 102, 158, 194
Rodenbach	64
Rödgen	26, 70, 112, 198
Rohrbach	114
Rommelhausen	16, 64
Ronneburg	11, 38, 124, 126
Schwalheim	28, 76, 130, 132, 134
Schwickartshausen	106, 194
Selters	102, 166, 188
Södel	154, 162, 176, 194
Staden	62, 68, 76, 114, 152, 158, 182
Stammheim	62, 104, 110, 154, 172, 194
Steinfurth	46, 48, 106, 152, 158, 170, 188, 190, 200
Stockheim	26, 168, 170
Stornfels	160
Trais-Münzenberg	12, 18, 100, 194
Ulfa	106
Unter-Schmitten	196
Unter-Widdersheim	12
Usenborn	106
Weckesheim	176
Wenings	60, 156, 198
Wickstadt	70, 86, 104, 112, 148
Wiesental	152, 184
Wisselsheim	46, 136
Wohnbach	18, 108, 192
Wolferborn	104, 194
Wölfersheim	68, 100, 110, 112, 172, 174, 176, 194
Ziegenberg	16, 150, 152